探秘明星私募的掘金之道

中国顶级私募访谈录·第四辑

好买基金研究中心 编著

世纪前沿

宽远

经纬

君联

GGV

聚鸣 华夏未来

方瀛

合远 洛书

" 无论面对怎样的变化

经济时代的变化，市场周期的变化

无论是哪类策略

主观股票基金、量化基金，还是私募股权基金

既在拼命奔跑迭代，也有矢志不移的坚守

看10家顶级私募如何恪守原则，又如何因时而进 "

上海交通大学出版社
SHANGHAI JIAO TONG UNIVERSITY PRESS

图书在版编目（CIP）数据

中国顶级私募访谈录. 第四辑/好买基金研究中心

编著. —上海：上海交通大学出版社，2022.7

ISBN 978 - 7 - 313 - 26987 - 4

Ⅰ. ①中…　Ⅱ. ①好…　Ⅲ. ①股权－投资基金－经理

－访问记－中国－现代　Ⅳ. ①K825.34

中国版本图书馆 CIP 数据核字（2022）第 104881 号

中国顶级私募访谈录（第四辑）

ZHONGGUO DINGJI SIMU FANGTANLU（DI‐SI JI）

编　　著：好买基金研究中心

出版发行：上海交通大学出版社　　　　　　地　　址：上海市番禺路 951 号

邮政编码：200030　　　　　　　　　　　　电　　话：021 - 64071208

印　　制：苏州市越洋印刷有限公司　　　　经　　销：全国新华书店

开　　本：710mm×1000mm　1/16　　　　印　　张：19

字　　数：222 千字

版　　次：2022 年 7 月第 1 版　　　　　　印　　次：2022 年 7 月第 1 次印刷

书　　号：ISBN 978 - 7 - 313 - 26987 - 4

定　　价：78.00 元

在市场变化中，
有坚守，有迭代

——因时而进，笃行不怠

2021年的关键词是"分化"。

我们看到了量化私募的超额爆发，规模的快速攀升，同时也看到了许多主观明星基金经理业绩遇冷，从被追捧变成被质疑。我们看到了半导体、新能源等"专精特新"赛道如火如荼的炽热行情，同时也看到了消费、医药等核心资产如遇冰封般地持续下跌。我们看到了翻倍的基金，也看到了近乎腰斩的基金。我们看到了中证1000指数大涨20%，也看到了中概互联指数跌去了50%。

市场的分化、割裂、反弹、反转等诸般波动，映射着投资环境的种种变化，这些变化有短期的情绪周期，也有长期的时代变革。

一鲸落，万物生

2021 年，机构投资者对白马权重股的极致抱团行情出现了逆转，茅指数在 2019 年、2020 年连续翻倍后，2021 年收跌，且年中较高点回落近 30%。

大市值的核心资产崩塌之下，流动性开始灌溉中小市值个股。一度被市场冷落的小盘股开始焕发勃勃生机，这也使得广泛选股的量化策略有了更大的发挥空间。

市场风格之所以出现巨大的切换，既是市场情绪将风格割裂推升到极限后的修复，也是政策、经济环境带来企业基本面变化的映照。

2021 年的经济复苏，以及金融、产业政策向中小企业的倾斜，让我们看到了广大小企业的业绩弹性和创新潜力。也让我们意识到投资不是仅仅盯着那些大市值的白马龙头就够了。许多中小企业也在体现着中国经济的活力，也在展示着"专精特新"的亮点，也能孕育伟大的投资机会。

2021 年的另一个重大变化是刚兑时代的正式落幕。2021 年 11 月开始，非封闭的银行理财产品不再用摊余成本法估值，而是以市值法估值，即底层资产价格波动将更直接地体现在产品净值中。这意味着银行理财将呈现更多波动，"固收"不再"固"。

与此同时，2021 年非标固收底层的地产行业风险事件不断，地产行业告别了过往的野蛮式增长，7% ~ 8% 固定收益的刚兑非标成为历史。

所以 2021 年当市场波动加剧时，大家寻找的避风港不再是非标固收，而是股债兼配的"固收+"，是强调均衡配置的各类 FOF。一鲸落，万物生。刚兑非标逝去之时，浮收的大时代正在拉开帷幕。

新时代，新配置

本辑访谈录对权益类资产进行了更广泛的覆盖，除了主观股票基金经理、量化私募机构以外，加入了对私募股权投资机构的访谈，这也能更完整地刻画权益类资产的图谱。

无论是主观股票型基金，还是量化基金，其研究与交易的均以二级市场上市公司的股票为主。而伴随一家企业从创立到壮大，直到上市 IPO 的投资机构，则是私募股权基金。

如果主观股票型基金把握的是上市企业未来的业绩增长，量化基金关注的是上市公司短期的定价偏差，那么私募股权基金则是在分享一家企业从创立到上市的成长红利。

所以私募股权基金能帮助我们完整地获取一家公司全生命周期的股权价值增量。私募股权基金也是最面向未来、最敏锐捕捉时代变化的权益类资产。它们聚焦的是每个时代最前沿的技术创新、最新颖的商业模式和最有活力的创业者。

中国经济由地产基建时代进入科技兴国时代，预示着私募股权投资将迎接更多机遇，肩负更多责任。

可见一切的变化都息息相关，时代的变化、配置的变化，刚兑固收退潮、浮收权益崛起。科技时代到来，权益投资也在面向尖端创新、面向硬核技术。

有坚守，有迭代

无论面对怎样的变化，经济时代的变化、市场周期的变化，无论是主观股票基金、量化基金，还是私募股权基金，大家既在拼命奔跑、迭代，也有矢志不移的坚守。

我们看到管华雨、巩怀志等二级市场成长型行业投资老将，在不断挖掘新赛道、拓宽新认知的同时，对公司质量的坚守。我们看到洛书、世纪前沿等快速发展的量化机构，在不断丰富策略类型、挖掘有效因子的同时，对统计规律的恪守。我们看到经纬创投、君联资本等国内头部创投机构，在着眼时代变化、勇敢布局创新的同时，对创业者能力的笃定。

投资是一条长路，每个人在自己的跑道上，只有持续奔跑才不会落后，同时也必须坚守正确的方向才能离目标越来越近。

时代并非一成不变，基金行业不断有新的管理人站出来，也不断有老的管理人被淹没。我们要做的，是去感知那些最底层的变化，去研究不同策略的管理人，去跟着时代不停地向前，找好的策略、好的基金。

但同时，我们也要区分周期的扰动与真正的变革。投资策略处于周期低点的管理人，需要我们坚信而不是远离；投资策略处于周期高点的管理人，需要我们谨慎而不是迷恋。这考验我们的专业，更考验我们的坚守，坚守管理人的信托责任，坚守管理人策略的有效性和稳定性。

最后，感谢我们投研、运营、法务和市场团队的宋达、潘甜芝、刘军、陈宸、樊雨、何欣、刘泽龙、梅慧娟、徐冬冬、尹昊然、周娅、汤雯、胡小雪、王婷婷、徐雪颖和杨晔为本书编写做出的贡献。每一年，让我们看到不同策略领域最头部的管理人，在时代更迭与周期变换中的所感、所想、迭代和坚守。

好买财富董事长、　CEO

目 录
CONTENTS

君联资本　李家庆
与志同道合的伙伴共创事业，分享成功 / 1

经纬创投　张颖
聚焦中国，子弹不断，投资不断 / 33

纪源资本　符绩勋
把握时代变革，做对选择，做好传承 / 61

合远基金　管华雨
根植时代、精选成长的价值投资者 / 89

华夏未来　巩怀志
规避极端波动，拥抱最景气的赛道 / 121

聚鸣投资　王文祥
在复杂的市场中，保持简单、专注、求实 / 151

方瀛投资　丁晓方
以全球视野，寻找中国机会 / 175

宽远资产　梁力
做正确的事，赚"看得懂"的钱 / 209

世纪前沿　陈家馨
纯粹、精进，持续逼近量化最前沿 / 237

洛书投资　胡鹏
量化可知的规律，无惧未知的市场 / 265

2001 年君联资本成立，是中国最早的一批本土私募股权投资机构。

20 年来，君联从 IT 领域的单一技术环节，顺着产业链延伸到上下游不同领域，从最熟悉的 IT 赛道入手，扩展到 IT 服务外包、医疗服务外包，再延伸到医疗健康、企业服务、先进制造等多行业投资，从早期投资拓展到企业初创期投资和成长期私募股权投资多阶段布局。

随着国内越来越强调科技创新，硬科技在中国产业中的地位越来越高，君联也迎来了发挥自身优势的时机。君联将调动公司的全部力量，协同一致，迎接中国科技创新时代的机遇和挑战。

君联资本　李家庆
与志同道合的伙伴
共创事业，分享成功

李家庆
君联资本　总裁、董事总经理

- 清华大学机械工程/经济管理双学士、清华大学管理工程硕士、法国巴黎工程师学院 MBA。
- 2001 年加入君联资本，全面负责公司管理及整体业务。
- 主导并参与的项目有康龙化成、先导智能、安硕信息、安洁科技、海晨物流、一心堂、青桔单车、海致 BDP、深睿医疗、东方微仪、邦盛科技、望石智慧、瑞数信息、优刻得、沃丰科技（Udesk）、未知君等。
- 曾就职于联想集团从事业务拓展工作。

从一级市场风险投资到二级市场股票私募，从量化基金到主观基金，访谈了数十家私募管理人之后，我们发现一个现象：**许多优秀投资机构的策略和打法可能非常朴实简单，能将投资策略总结得既翔实又精彩，只是少数。**

中国古时能征善战者甚多，但最终著书立说、形成兵法、流传后世的屈指可数，这其中的原因可能大抵相同。无论是带兵打仗，还是管钱投资，都是实战性极强的事情。战场与市场千变万化，大量的不可测因素在动态变化，一套再完备、再详尽的策略体系也不见得能保证成功。**缺乏实战经验支撑、缺乏主观能动性的方法论体系，最终会变成纸上谈兵。**

所以许多优秀的管理人可能并没有一板一眼的投资方法论，也没有什么高深莫测的投资体系，大家都是在实战中不断积累经验，不断敏锐应变，再不断反哺实战，最后总结出来的核心策略可能朴实无华。**访谈君联资本总裁兼董事总经理李家庆时，我们的这种感触非常深刻。**

君联资本2001年成立，是中国最早一批本土私募股权投资机构。20年来，君联致力于捕捉中国科技创新带来的产业机遇。截至2021年12月，君联累计投资了逾500家企业，其中近百家企业成功上市，70余家实现并购退出。

20年来，君联从IT领域的单一技术环节，顺着产业链延伸到上下游不同领域，从最熟悉的IT赛道入手，扩展到IT服务外包、医疗服务外包，再延伸到医疗健康、企业服务、先进制造等多行业投资，从早期投资拓展到企业初创期投资和成长期私募股权投资多阶段布局。

20年来，君联的投资版图持续扩展，投资团队不断完善，基金管理日臻成熟。**如今，君联基金管理总规模逾600亿元人民币，跻身中国一线**

VC/PE 投资机构。而君联，不仅有着一线 VC/PE 投资机构的管理规模、专业团队和长期业绩，更有着自身独特的产业思维与科技基因。

我们能深刻感受到君联对硬科技的看重与坚守。君联创始团队源于产业，很多都是技术人员出身。**自创立以来，君联始终围绕科技创新这条主线，挖掘国内尖端技术，投入资源将其产业化，投入时间陪伴企业成长。**

君联不追逐热点风口，拒绝概念炒作，不做资本运作赚快钱，而是根植于技术，投身于产业。在半导体、智能制造、新能源等科技创新领域，君联以技术硬度和强度为标准，系统化投资布局，以成功的项目为抓手，向上下游产业链一点点渗透。**长期下来，君联在多个科技创新赛道积累认知、经验和资源，逐渐形成多个产业投资根据地，形成系统性投资网络。**

君联的独特优势，投资者信任君联的原因，正是君联底层的科技基因，以及由此形成的建制化团队与投资产业根据地。随着国内越来越强调科技创新，硬科技在中国产业中的地位越来越高，君联也迎来了发挥自身优势的时机。君联将调动公司的全部力量，协同一致，迎接中国科技创新时代的机遇和挑战。

以产业思维，投资科技创新及科技赋能

看君联的打法，产业链系统性投资布局，高新技术赛道根据地战术。但这些都是回过头看的结果，是君联过去 20 年战果的一个展现。如君联资本总裁、董事总经理李家庆所说：

"君联资本的系统性投资打法与根据地投资策略其实是一个结果，一个回头总结出来的结果，是我们科技创新投资属性的展现和积累，我们的投资都是产业思维、科技驱动。"

2001 年李家庆加入君联资本。包括李家庆在内的君联最早一批员工，大多是有产业背景的技术人员。李家庆是清华大学机械工程学士，还拥有清华大学管理工程硕士以及法国巴黎工程师学院 MBA 学位。

最早的君联，就是一群技术出身的人，在自己熟悉的科技领域，研究项目，研究公司。李家庆早期在君联的工作，就是在自己熟悉的通信设备领域，研究存储、传输相关的半导体芯片技术。发现有优势、有价值、有商业化潜力的技术后，君联进行投资，将技术产品化，推向市场。有的技术可能产业化成功了，有的可能失败了。**无论成功还是失败，任何一项硬核技术，都会成为君联的一个抓手，通过这个抓手，君联去了解产业链上下游环节的技术痛点和市场生态，从而去发现新的技术、新的项目和新的抓手。**

比如在新能源赛道的布局，君联从自动化设备企业入手，接触到一批产业链上下游企业。以这些企业为抓手，君联沿着产业链向下发现了宁德时代这样的投资项目；而后又以宁德时代为抓手，找到了许多新能源细分赛道的优质公司。

20 年来，君联坚持"以产业思维，投资科技创新及科技赋能"这一件事，沿着产业链，不停地发现、研究、寻找前沿技术。在这个过程之中，君联投资的版图不断扩展，投资过的项目在多条产业链上形成网络，形成根据地。君联也以其系统性打法为业内熟知。而实际上，这些都是君联 20年来坚持"科技创新，专业赋能"的一个结果。

以内部迭代，应对外部挑战

20 年来君联一直坚持"科技创新，专业赋能"，而随着君联投资布局的扩展、公司团队的扩大、管理规模的提升，君联内部也在不断迭代和进化。

首先是团队与建制的完善和进步。 VC 投资不仅靠前线的项目团队。君联以硬科技投资为核心，面对的许多创业者都是科研人员出身，他们可能缺乏企业管理能力，不会带团队，不会设计产品，不会拓展市场渠道。所以把科研出身的创业者培养成企业家需要一套完整有效的投后体系。

"专业赋能"简单四个字，却是一个复杂的、长期的过程。**成立以来，君联不断总结"专业赋能"的经验，不断健全针对被投企业的增值服务体系，也逐渐形成了包括财务顾问、法务顾问、企业管理顾问等在内的顾问团队。**

君联的投后顾问团队能帮助被投企业从零开始建立公司文化、运营机制、考核方案、财务体系，能帮助被投企业不断优化公司治理结构、制定战略、开拓市场，能帮助被投企业分析后续融资安排、选择上市地点、规划上市时机等等。

如今君联的前中后台团队已能够围绕各个项目提供系统性的支持和服务，更高效地完成对企业的赋能，更有效地将创新科技产业化。前中后台体系的搭建是君联 20 年来持续进化与完善的结果。

其次是基金管理的成熟与产品矩阵的形成。 随着在产业链上的布局点越来越多，君联看到的机会也越来越丰富。比如在半导体芯片产业链上，有些企业钻研新一代的颠覆性半导体技术，有些企业做现有技术的改良与国产替代，这两类企业的市场空间和成长路径都有差异，因此对投资视野和资金属性的要求也不同。

君联的创始团队大多是有产业背景的技术人员出身，随着投资经验的长期积累，君联的基金管理能力也在不断进步。**如今，君联形成了多层次的产品矩阵，针对不同的产业方向和不同的企业成长阶段进行布局。**同一条赛道里，企业做的事不同，企业所处的成长阶段不同，股权投资所面对的空间、期限和置信度也不同。**君联在高新技术产业投资形成根据地的同时，基金产品矩阵也在不断丰富，捕捉更多类型的投资机会，成就系统性投资布局的打法。**

以团队力量，迎接硬科技时代

未来，无论是内部的发展需求，还是外部环境施加的压力挑战，中国企业的科技创新都越来越重要。新的内外部环境下，中国正在从全球制造业中心向科技创新中心转型，而中国企业也正在从模仿和跟随走向创新和突破。

中国的科技创新时代将伴随着许多科技企业做大做强，也会驱动大量的科创产业投资机会。而以"科技创新，专业赋能"为宗旨，在高新技术产业深耕 20 年、积淀 20 年的君联资本，也正迎来大展拳脚的时代。

当然，科技创新是一个长期大方向，这期间也会有周期起伏，有冷热波动，与机遇一同而来的是挑战。**君联走过 20 年的路程，要在硬科技时代更宽阔的道路上加速向前，就需要调动整个团队的最大力量，实现资产端**

与资源端共同的进步和突破。如李家庆所说：

"资产端与资源端是两个轮子，两个轮子要充分配合好，君联这辆车才能向前行驶。过去 20 年时间积累的多条完整产业链的投资根据地，形成的多基金、多策略、多业务团队，就是资产端的轮子；而资源端的轮子，是我们要持续为上游的合作伙伴提供完善的解决方案和整体化的服务，维持长期共赢的合作关系。"

资产端与资源端是两个轮子
两个轮子要充分配合好
君联这辆车才能向前行驶

君联资本团队成员

● 君联资本成立于 2001 年 4 月，是联想控股旗下专注于早期风险投资及成长期私募股权投资的基金管理公司。在 20 年的发展历程中，君联资本遵循国际通行标准，创造基金运营及管理的最佳实践。

● 君联资本通过积极主动的增值服务体系，推动企业创新成长，在多个投资领域持续创造良好投资回报的同时，推动中国的产业进步和社会发展。

● 君联资本以"成为一家具有国际影响力的投资公司"为愿景，秉承"富而有道"的核心价值观，积极践行社会责任。

寻找带来价值增量的技术创新，

而不是在存量中寻找短期的高回报

访谈时间：2021 年 12 月

科技创新，专业赋能，开放合作，责任担当

好买： 君联的投资理念和策略是什么？君联有自己的打法，有自己的根据地，强调系统性布局，这些方面您能详细介绍一下吗？

李家庆： 首先，不同的 VC 机构肯定都有自己的一套打法，制定明确的策略，然后长期坚持。其次，VC 机构要随着时间的推移不断迭代策略。因为时代在变化，投资经验也在积累，所以策略一定要进行相应的更新和优化。

说到君联的打法，可概括为以下几方面。

第一，科技创新。 君联 2001 年成立至今已有 20 年时间，君联创始团队都是产业背景出身，而不是金融背景出身，这就决定了君联的产业基因、科技创新基因。

20 年前，君联开始投资，当时我们这群实业人士不懂什么是医疗、什么是消费，我们就从自己最熟悉、最擅长的 IT 科技领域开始。最初我们涉足半导体、网络安全、计算机软件等领域，都是利用自身的产业思维，沿着熟悉的路径，逐步展开。

2005 年，我们投资了一家锂电池企业，当时还没有新能源、碳中和等这些概念。早年投资科大讯飞时，也没有今天所说的人工智能概念，投资绿盟科技时，中国还没那么重视网络安全。**当时我们就是在自己熟悉和擅长的领域看项目、做投资，很朴素。**

2006—2007 年，我们的投资开始从 TMT 领域延伸到医疗领域。到 2016 年，我们开始投资自动化装备相关的企业。因为在我们投资半导体、软件这些领域的时候，自然而然就会延伸到一些与之相关的设备或材料行业。

从刚开始投资锂电池企业，延伸到新能源电池自动化设备，然后沿着产业链向下，找到了宁德时代这样的下游大客户，接着围绕宁德时代找到了许多细分赛道的好公司。

君联之所以能形成自己独特的系统性打法，是因为产业背景、技术背景出身的一群人，先在熟悉的领域扎下根基，积累资源，然后沿着产业链不断探索和延伸，扩大根据地。

并不是 20 年前君联建立之时，就想好了要用所谓的系统性打法来投资。君联资本的系统性投资打法与根据地投资策略其实是一个结果，一个回过头总结出来的结果。这是科技创新投资属性的展现和积累，君联的投资都是产业思维、科技驱动。

第二，专业赋能。投资科技创新，自然面临一个问题：很多创业者可能是科学家出身，缺少企业管理经验，如何从科研人员转变成一个企业经营者，这是个难题。这些创业者可能懂技术，但是不会带团队，不会设计产品，不会拓展市场渠道。**在这种情况下，要投资科技创新，就要建立一个体系，把科研出身的创业者培养成企业家。**

君联很早就意识到专业赋能的重要性，建立了自己的顾问团队，包括财务顾问、法务顾问、企业管理顾问等。此外，还组建了一个企业家俱乐部，实际上就是一个学习、交流和分享的平台，把大家组织起来，一起分享管理经验，交流企业运营实践。

20年前，很少有 VC 机构会这样做，因为要花很多精力去建立一个大型的团队来服务、赋能被投企业。而君联一开始就强调专业赋能这件事，后来我们称之为积极主动的增值服务，这也是后来总结的系统性打法的一部分。

第三，开放合作。投资科技创新也好，为企业提供增值服务也好，光靠君联自身是无法实现的，我们会和科研院所或者曾经投资过的企业一起合作。君联的企业家俱乐部后来又延伸出企业发展研究院这个组织，以便更好地整合外部的资源，帮助君联与外部机构建立良好的合作关系。

第四，责任担当。所谓责任担当，就是君联创造财富、创造价值的同时，也必须遵循一些基本的道理，即有所为，有所不为。首先，对于一些国家或政府不支持，一些不能为社会创造价值的项目，哪怕会赚钱，我们也不会去做。其次，我们要有一个共赢、分享的精神。

总而言之，君联的四个特点就是科技创新、专业赋能、开放合作和责任担当。

好买：从整个系统性打法的形成，到实践中的具体做法，这种最底层的产业链思维以及在新能源、半导体等科技创新领域长期形成的根据地，其实是君联相较于其他头部 VC 机构的一个独特优势。

李家庆：不同的投资机构都有自己的基因和打法，有的在互联网行业深耕，有的更理解消费行业，大家都有各自的特长和策略，每家机构打法的形成过程或擅长的领域也不一样。

好买：刚刚您提到君联会顺着整个产业链，在一些有技术突破或产业爆发潜力的环节上布局。我相信在20年的投资历程中，君联对投资布局的赛道肯定有一些取舍，如何做这种决策？或者说如何评估哪个赛道、哪个项目更值得集中资源布局？

李家庆：　首先，君联更看重技术创新本身所扮演的角色，很少去投资纯粹的模式创新项目，一般也不会投资纯粹的流量驱动的消费企业。

这和君联的背景有关，君联创始团队主要来自产业领域和硬科技领域，所以对于模式创新型的消费企业不太感兴趣。消费互联网不容易形成产业链，需要极强的洞察力才能捕捉到机会。一个趋势可能突然之间就出现了，而且这一次成功和上一次成功未必有必然的关联，更不会因为一家企业的成功而带动上下游企业，形成一个连续性的爆发。模式创新更依赖于创始团队的洞察力。

君联关注的是可以长期跟踪的高新科技产业，每一个技术的突破都来自不断的积累，有扎实的根基，不是突然出现的。如半导体行业，不可能不做 28 纳米芯片，直接就去做 7 纳米芯片。技术在逐步地发展和演进，同样人也在持续地学习和成长。一旦庞大的产业生态形成，就会涌现出一系列优秀的公司。比如宁德时代这样的企业，它不会凭空出现，在整个电动汽车的生态形成后，才能诞生这样的公司。

所以，君联更看重硬核技术的积累和演进，更看重技术创新扮演的角色。

其次，这条赛道要足够大足够宽。投资的技术或者项目本身要有很多应用方向。比如投资量子技术，量子技术其实是一个平台型技术，可以用作量子计算、量子测量、量子通信等等，应用面足够广，所以我们才会投资。

我们希望技术创新本身要有一些底层属性或平台属性，它可以横向解决多个行业的问题，或者解决一个行业中的多个问题，而且它还可以持续地迭代和提升。

再次，君联投资的企业必须要在产业链环节上扮演非常重要的角色。有了技术创新，赛道也足够宽足够长，而企业本身还要足够强大、足够重要才行。要在这个产业中解决他人解决不了的"卡脖子"问题，要对产业链上下游企业有足够大的影响力。技术创新的门槛较高，能用心去做的企业并不多，但做成了之后对整个产业链的上下游有巨大的带动作用，这样的项目我们是非常看重的。

最后，就是团队。君联一直强调"事为先，人为重"，一个技术人员转变为一个企业家，一项技术转变为一件有产业影响力的商品，一个创业企业形成一个高战斗力的团队，这都需要一个过程。在这个过程当中，对于人的挑战和要求是很高的，需要创业者有极强的学习能力、团队组织能力、人才培养能力等等。如今我们在一些科技创新领域投资，很多时候遇到的不是技术问题，而是企业管理的问题，所以君联一直强调"事为先，人为重"，很看重团队的成长性和学习能力。

自我进化，形成产品矩阵与人才梯队

好买：经过 20 多年的发展，君联已成为业内知名的头部 VC 机构，管理规模也在不断扩大，投资人其实很关注管理规模这个因素，请问君联如何平衡收益和规模之间的关系？

李家庆：我认为，一家投资机构的自我进化要跟得上管理规模的增长。什么是自我进化？管理 100 亿元人民币的时候，不能简单地重复以前管理 10 亿元人民币时做过的事情，在标的选择和投资策略上都要有相应的迭代。

比如君联综合成长基金的核心是去捕捉一些靠技术创新驱动的成长机会，而科技创新基金又有另一套不同的标的选择逻辑。

以半导体行业为例，君联综合成长基金会投资一些较成熟的半导体产业，其中投资的一家半导体企业主要做产业资源整合和进口替代。它在比较成熟的应用领域里实现产品迭代，应用的材料、工艺、设计框架等都很成熟。而君联科技创新基金投资的则是下一代半导体技术，是全新的技术框架。

君联对半导体行业有系统性的研究，做选择性的投资。在选择的时候，用不同的工具投资不同类型的标的。一些企业在成熟的技术框架下进行资源整合与产品迭代，一旦成功，那将是存量替代的巨大市场，可能第一轮融资 20 亿元，未来能成长为一个几千亿元市值的公司，这时我们会用综合成长基金来投资，以大搏大。而科技创新基金则用来投资最新的半导体技术，它代表了一种新的设计理念和体系架构，代表了前沿科技的趋势，不过整个产业可能还处于发展初期。

所以你会发现，管理规模扩大之后，投资工具和投资标的也不断丰富和扩张，不过底层的科技创新思想始终没有变。

此外，我们的团队也在成长壮大，综合成长基金与科技创新基金由君联的两个团队分别管理。当然不是单一的团队用单一的思维，而是不断升级、不断进化。**在发展过程中，君联内部自然而然会产生新的投资方法和策略，随着策略的成熟，会设立新的团队，设计不同的工具，投资不同的标的。**

当然我们的垂直研究是一体化的，只是在投资项目时，会区分不同类型的项目，运用不同的工具。只有这样，才能既捕捉到当下相对成熟的存量市场里创新驱动的成长机会，同时又捕捉到下一代新型技术所带来的潜在的成长机会。这是两类机会，两件事情。

好买： 对于综合成长基金和科技创新基金，风险收益标准是一样的吗？对于科技创新基金的回报标准会更高吗？

李家庆： 首先，我们不是用简单的回报标准来加以区分，这两类基金的本质属性不同，综合成长基金相当于以大搏大，而科技创新基金则是以小搏大。

其次，综合成长基金要以大搏大，且基金规模比较大，因此对确定性以及流动性的要求较高，可能更关注 3～5 年 3～5 倍的机会。而科技创新基金可能要实现 5～8 年 10 倍甚至几十倍的目标，对于流动性和确定性的容忍度更高。

有时会有一个误区，认为创业企业后续轮次的投资风险会降低，事实并非如此。像我刚才提到的，在成熟的技术框架下做资源整合的企业，其创业之初的 A 轮融资相当于一个 PE 项目；而创造全新技术框架的项目，即便企业长大了，甚至上市了，可能仍未进入一个成熟的商业模式，仍然是一个高风险的 VC 项目。

所以，综合成长基金并不是去投资已经长大了的、后续轮次的 VC 项目。之前许多有限合伙人会有误解，觉得君联基金的规模做大了之后只会去投资相同标的的后续轮次融资。这样做的结果必定是回报降低，因为对于同一个标的，投资 F 轮的回报肯定低于投资 A 轮的回报。君联不会采取这样的做法，我们的项目分类很清晰，对于不同类型的标的，采取不同的策略打法，运用不同的工具，这不仅仅是回报标准的问题。

好买：您觉得对于一家投资机构而言，保障团队稳定、顺利迭代的最有效的机制是什么？

李家庆：首先，**创始人的想法很重要**，创始人必须意识到组织要不断地迭代和进化，不能仅仅局限于管理规模的增长。

这就涉及合理的分享和传承机制，公司获得的经验和教训都要拿出来大家一起分享。君联从创立第一天起就强调志同道合、分享成功。**君联不是一个人的公司，没有刻上个人烙印，强调全员分享的机制，尤其是公司里的老一辈，要愿意分享，愿意传承给有能力的新一辈。**

这一点多数 VC 机构很难做到，很少有 VC 机构的创始人愿意交出权利，但君联确实做到了这一点，这和 VC 机构的机制文化密切相关。

其次，**要有一个人才培养体系，这一点也很重要。**随着公司不断发展，势必有人跟得上、有人跟不上，有人认同、有人不认同，总会有人离开，有人员的变化，但整个组织还是要持续经营下去，所以必须有一个内部培养机制，要不断有新人赶上来。之前所说的产业链思维也好，根据地战略也好，系统性打法也好，投资的理念标准必须有延续性，而人员变动之下，也必须有培养机制保证人才的持续供应，这样整个公司才能不断进化。

最后，**还是要强调系统性。**一家 VC 机构，不是靠一个人甚至不是靠一个前台的投资团队就能做大做强的，它需要一套前中后台紧密结合的完整体系，围绕某个项目开展工作的不是一两个项目经理，而是整个团队。在君联，前中后台团队均以项目为中心，全面提供系统性的支持和服务，而不是把项目放在前面，由一个投资经理去负责，所有的人跟在投资经理的后面。如果是这样的话，一旦投资经理出现变化，这个项目就无法持续服务和跟踪。总之公司内部的整个体系建设也是很重要的。

总而言之，要保证一个组织持续地发展和进化，我认为文化很重要，机制很重要，团队的内部培养很重要，整个前中后台体系的建设也很重要。

坚持君联文化，沿明确的方向穿越变革

好买： 刚刚一直在探讨君联的发展历程和投资打法，也想请您介绍一下个人的投资经历。您是君联最早的一批员工，在 VC 行业做了 20 多年投资，您如何总结自己的成长历程？

李家庆： 我个人的投资经历和君联的发展历程基本是同步的。早在 2001 年我就在君联做早期投资，当时覆盖的是通信设备领域，就是 TMT（technology、media、telecom，科技、媒体、通信）里面的 telecom。

我最初研究的是硬科技领域里信息存储、传输相关的半导体芯片、设备材料等方面的项目，后来随着君联的发展，沿着产业链开始接触更多的领域和更多的公司，逐渐形成根据地，然后延展到一些非 TMT 行业。

2005 年，我从北京到上海建立君联的上海办公室，并在上海组建了一个投资团队负责华东地区的项目。这期间除了做项目经理之外，我还要管理团队、培养人才，所以投资视野自然而然开始变宽，看的项目越来越丰富，投资领域也越来越广，既有和科技、物流供应链相关的，也有和消费、医疗相关的。

作为君联最早的一批董事总经理，我经历得比较多，涉足过的领域也很多，每隔三五年就会去研究一些新的赛道。我既投资过一两百万美元的

半导体领域科技创新相关的早期项目，也投资过两三千万美元的偏成长期的项目。**2005—2015 年，我的经历其实就是从一个通信硬件领域的专业技术人员转变为一个投资人员再转变为一个管理者的过程。**

2015 年后我回到北京，担任君联的首席信息官，开始管理基金。**管理基金与看投资项目不太一样，基金管理更多的是强调不同领域、不同策略项目的配比**。比如基金里面偏半导体硬件的、偏产业应用软件的，各自的比重要配多少；而且不同的基金、不同的团队有不同的定位，作为管理者我必须思考这些问题。要根据项目本身所处领域和自身属性判断其属于高风险的 VC 项目、早期项目，还是成长期的 PE 项目，这些都是我在管理基金时要明确的事情。

此外，在管理基金的过程中，我不仅要考虑前台的投资团队，也要考虑中后台团队如何与前台团队互相配合，为被投企业提供系统性的支持和服务。同时我还要考虑有限合伙人资金端，加强与有限合伙人的合作，提供更好的解决方案或服务。

一家 VC 机构不能只有一个资产端，它必须还要有一个资源端，这是两个轮子。两个轮子要充分配合好，君联这辆车才能向前行驶。君联过去 20 年时间积累的多条完整产业链的投资根据地，形成的多基金、多策略、多业务团队，就是资产端的轮子。与此同时还要建立资源端的轮子，为上游的合作伙伴提供完善的解决方案和整体化的服务，维持长期共赢的合作关系。

那么君联这辆车的底盘是什么呢？就是君联文化和君联打法，包括科技创新、专业赋能、开放合作、责任担当等理念，这些都是我们的底盘。有了这样的底盘，再结合资产端和资源端的驱动，君联这家企业才能长期跑下去。

以上就是我个人经历的一个总结，从一个项目经理，到一个行业或者区域的团队领导者，到一个基金经理，再到一个公司总裁。

好买：您觉得 2001 年至今的 20 年时间里，中国的 VC 投资大环境有哪些变化？或者说对于我们的投资有哪些重大影响？

李家庆：这是个非常好的问题，它涉及君联发展与变化的一些本质原因。

一方面，**外部环境的变化使得君联内部不断地优化和调整**。一开始君联先做美元投资，因为国内早先没有人民币的投资环境，直到 2005—2006 年股权分置改革，国内资本市场才真正形成了一个退出渠道。而且当时没有多少成长期的机会，君联涉及的都是早期科创企业项目。

随后国内资本市场越来越多元化，有了创业板、中小板以及科创板。各行各业也都在快速发展，都在进行科技创新和信息化数字化的改造。君联布局的领域也不断增加，从而形成投资根据地，进行系统性布局。

从早期投资拓展到成长期投资，再到多基金、多策略、多团队的形成；从单一专业领域的布局到产业链根据地的形成，再到多赛道的系统性打法，君联组织的进化、打法的演变与中国投资环境的变迁密切相关，很多时候都是外部环境推动我们一步步向前。

另一方面，君联本身也在不断思考到底想成为一家什么样的公司？如果只是想维持一个投资小作坊，那就没有必要大费周章，只须构建几个人或十几个人的团队，然后一直做自己擅长的事，环境发生变化时大不了就不做了。

而君联想做的，是希望打造一家长期的、平台化的企业，在中国市场

20 年、50 年一直做下去。所以君联的产品要不断地创新和拓展，团队也要不断地进化和完善，整个组织架构要不断地系统化和健全化。此外，团队还要有一个分享、迭代以及传承的机制，后续的人才能源源不断地推动这个组织进步。

总之，外部环境的变化影响着君联的发展，而君联内部则要有明确的方向去迎接或是利用外界的变化。

好买：许多 VC 机构投资的项目都有明确的阶段性划分，可能最早投资互联网，然后投资移动互联网，再之后开始转向企业服务、硬科技等领域。大家看到的其实是技术周期与时代变革，不同的经济发展阶段与技术背景下，市场的机会是不一样的。而君联似乎很不一样，君联总体上就是沿着硬科技这条主航道前进。您觉得君联是如何紧跟变化、穿越周期的呢？

李家庆：君联的底层基因与众不同，创始团队都是产业出身、技术出身，所以始终以底层硬科技为核心，思考问题的原则是如何将一个技术商业化，然后沿着产业链不断拓展。

有些 VC 机构可能并不覆盖整个产业链，而只是关注终端应用，所以会感受到很强的周期性。**相对而言，君联更重视底层技术，底层技术具有很强的延续性和稳定性，不会短期内频繁产生突变，不像终端应用，变化更新的速度非常快。**就像一座高楼，发生地震的时候，肯定是顶层晃得最厉害，而底层振动幅度就小很多。

比如君联在半导体领域的布局，关注的是封装、材料、体系架构等这些最底层的技术，不论终端应用，如人工智能、机器人等，发生什么变化，君联重视的始终是核心技术。

这些核心的技术不会轻易发生周期性的变化。**作为一家 VC 机构，必须持续挖掘这些根源，必须有足够的专业度、经验和资源积淀。**

迎接硬科技时代，付出时间，得到价值

好买： 在 20 多年投资生涯中，有哪些项目给您留下了深刻的印象？

李家庆： 回报最高的项目自然给我留下了深刻的印象，但实际上往往是一些失败的项目让我收获更大。比如 2001—2002 年投资的光通信相关项目，虽然后来没有亏钱，但也没怎么赚钱，而当时投入了大量的时间和精力。在这个过程中，我们伴随一家企业从科技创新到产品落地再到市场化竞争，随后因为资金链断裂，又去做战略调整，最后我们以并购的方式退出。经历了这一系列的过程，虽然没赚到钱，但确实收获非常大，这算一个印象深刻的项目。

此外，像康龙化成这类带来高回报的项目也令人印象深刻。我们投资这家科技服务企业的时候，行业还处于未受关注的早期阶段。彼时康龙化成还只是一家 400 万美元收入的家族式小企业，后来成长为一家 10 亿美元收入、1000 多亿元人民币市值的上市公众公司。这个过程长达十余年，也可以说我们的高回报是拿时间换来的。

君联确实没有经历过两三年就赚大钱的项目，这可能和君联的产业基因、技术基因有关。**君联围绕底层技术进行投资，布局一些早期项目，会有失败、会有成功，即便是成功也不是快速的成功，很多是拿时间换来的。**

像当初投资先导智能的时候企业规模还很小，而且当时主要做自动化

装备，与锂电池没有任何关系。君联看重它的技术，尤其看好它的技术在一些电容器行业里的应用。也正是因为其核心技术足够扎实，所以后来锂电池赛道起来的时候，它能迅速地抓住机遇。今天先导智能已经从一家单一技术、单一产品的公司成长为一家拥有全套技术的平台型企业，市值也达 1000 多亿元人民币，这期间经历了七八年的时间。

成功的经验也好，失败的教训也好，都是一个拿时间换空间的过程。伴随着企业的成长，核心技术变成产品，形成产业，君联始终和企业一同经历这个过程。

好买：其实我们在调研 VC 机构时也会加以区分，弄明白哪些机构是希望赚短钱赚快钱，把精力用在资本运作和政策套利上，哪些机构是真的深入企业底层，希望技术创新能带来进步，带来回报，付出时间创造真正的价值。后者不但更值得尊敬，而且也能在更长的时间维度里给投资人带来更大的利益。

李家庆：是的，就是要用这种方式区分一级市场投资机构，尤其是涉足科技领域的 VC 机构。君联其实骨子里不算是纯粹的投资公司，我们对投资并不痴迷，不是手里有很多钱然后每天想着怎么投出去。**君联热衷于技术，热衷于寻找能为产业带来增量的技术创新，而不是在存量中寻找短期高回报的机会，君联对此可能天生不感兴趣。**

君联投资团队的每个人更像是一个技术人员或企业运营人员，而非投资专家。他会告诉你他关注的技术是怎么演进的，每家企业都是怎么做的，如果有技术突破可能会在哪些方向，可能对整个产业链产生什么影响，等等。君联的人最擅长讨论这些问题，可能不太擅长发表一些投资策略方面的内容。

成功的经验也好

失败的教训也好

都是一个拿时间换空间的过程

好买： 您觉得某个领域的技术专家想要做好投资需具备哪些品质？

李家庆： 首先，肯定是好奇心，以及好奇心驱动的持续学习能力。君联的投资团队中，总裁也好，董事总经理也好，每天都会研读论文，会和企业的技术人员交流沟通，因为每天都有新东西需要去学习。**所以说持续的学习能力非常重要，而且这种持续学习不能是功利驱动的，而应是好奇心驱动的，这样才能真正沉浸其中，不断吸取新的知识。**

其次，团队协作能力也非常重要。如今的技术创新非常复杂，每个垂直细分领域会彼此交叉出各种各样的新型技术。比如信息技术和医疗技术相结合，会产生 AI 新药制造、AI 医疗影像等。再比如信息技术和能源科技相结合，会衍生出许多新能源领域的底层技术。未来的电网会越来越复杂，在储能方面，储存多少电、怎么存、怎么用、怎么传输，这都会用到复杂的储能技术。

君联目前就在投资一些信息技术和能源技术相结合的项目，叫作智慧能源网络。其中涉及的技术很多元，包括电动化、智能化、网络无人化等等，这是一个交叉学科，所以内部需要有非常强的团队协作机制，使得 TMT 团队、碳中和新能源团队能有效地合作。

团队协作不仅体现在前台不同的专业投资团队之间，也体现在前中后台的协同上。以上这些对于 VC 从业者来说都非常重要。

好买： 您觉得未来君联面临的最大挑战是什么？是外部环境的一些变化，还是内部的一些短板？

李家庆： 对于君联而言，我觉得未来的外部环境是机会大于挑战，在某种程度上时代确实让我们走入舒适区，我们迎来了发挥自身优势的时机。　**无论中美关系、国家政策还是资本市场，所有的外部条件都在强调科**

技创新，而硬科技正是君联 20 年来积累资源、磨炼团队、潜心钻研的核心领域，这是君联擅长的方向，所以我觉得未来的外部环境一定是机会大于挑战。

当然，君联内部还有很多挑战。比如前中后台的协同，每个岗位上优秀的人才都觉得自己是专家，分内的事很擅长，最大的挑战就在于大家相互之间怎样配合。这就需要一套统一的战略和领导方针，以便更好地覆盖交叉技术，这是有一定挑战的。

不过我觉得君联的文化和基因决定了我们能经受住考验。直到今天，君联经历了 20 年的发展，完成了代际的传承，完成了整个队伍的构建。未来外部机会越来越多，相应的内部压力也会越来越大，但君联会将组织能力充分地释放出来，大家通力合作，将公司力量最大化，迎接中国科技创新时代的机遇。

好买：无论是投资方法的变革，还是项目和赛道的选择，君联都根植于科技创新这个主题，进而为行业、为社会创造增量价值，而不是单纯强调模式创新，在终端应用上垄断流量，攫取价值。您讲的和我们看到的君联过往 20 年所做的事情高度一致，我想这也是许多投资人信任君联的原因。许多投资人可能刚刚接触私募股权投资，对于他们您有什么衷心的建议吗？

李家庆：最大的建议就是要相信专业性。对于二级市场的一些概念很多人可能都是处于半懂不懂的状态，比如光伏、锂电池、半导体等等。好的一面，这些主题火了之后，实际上完成了对广大投资者的科普；而不好的一面，许多人可能会基于片面的、浅层的理解去做投资。**实际上许多科技行业的投资人可能都还未经历过完整的产业周期，就更不用说个人投资**

者了。

很多人可能未经历过 2000 年的互联网泡沫周期，未经历过 10 年前光伏的灰暗岁月，也未经历过 20 年前半导体行业的大波动。大家可能达成了一些简单的长期共识后，就急急忙忙地去投资了。**实际上达成长期共识并不意味着过程会一帆风顺，经历复杂的过程并最终赚钱是一件难事。**

越是专业领域的投资，越应该相信和依靠专业性，由专业的人来选择投资时机、制定投资策略。国家的科技创新战略是一个长期的过程，其间一定会有波动和周期，而只有专业领域的专业投资者才能把握好风险和机会，付出时间，得到价值。

李家庆投资金句
QUOTATION

❶ 君联的系统性打法与根据地战术其实是一个结果，是回过头看君联科技创新属性的展现。

❷ 君联一直强调"事为先，人为重"，非常看重创业团队的成长性和学习能力。

❸ 管理 100 亿元人民币的时候，不能简单地重复以前管理 10 亿元人民币时做过的事情，在标的选择和投资策略上都要有相应的迭代。

❹ 外部环境会影响 VC 机构的发展，而 VC 机构内部要有明确的方向去迎接或者利用外界的变化。

❺ 我们围绕底层技术进行投资，会有失败、会有成功，即便是成功也不是快速的成功，很多是拿时间换来的。

❻ 我们热衷于新技术，热衷于寻找能为产业带来增量的技术创新，而不是在存量中寻找短期高回报的机会。

❼ 硬科技是君联 20 年来积累资源、磨炼团队、潜心钻研的核心领域，中国走向硬科技时代，我们也迎来了发挥自身优势的时机。

❽　面对外部挑战，君联会将组织能力充分地释放出来，大家通力合作，将公司力量最大化，迎接中国科技创新时代的机遇。

❾　达成长期共识并不意味着过程会一帆风顺，经历复杂的过程并最终赚钱是一件难事。

提到张颖，很多认识他的创始人使用最多的一个词是"热情"。访谈时，我们也能深刻感受到张颖的这种热情，对创投事业的热情，对中国机会的热情。

张颖在创立经纬创投、管理经纬创投之时，将自己的性格和风格注入这个团队。全力以赴地拥抱最坚信的赛道，事无巨细地落实投后服务，经纬创投的每个人都和张颖一样，心中有热望，眼中有火花。

经纬创投　张颖
聚焦中国，子弹不断，投资不断

张颖
经纬创投　创始管理合伙人

- 所领导的经纬专注早期投资，着眼扎根中国市场的创业公司。

- 目前已投资超过 700 家公司，投资的明星公司包括小鹏汽车、理想汽车、富途证券、瓜子二手车、饿了么、有赞、容百科技、极米科技、陌陌、PingCap、沛嘉医疗、科锐国际、科美诊断、乐信、自嗨锅、传智教育、嘉和生物、简爱、芯驰科技、星际荣耀等。

- 带领经纬投资团队，按照垂直小组进行行业的深耕，在先进制造、新技术、交易平台、企业服务、大消费、医疗健康等领域有着绝对领先的优势。同时，亲自推动投后增值服务，秉着"创业者第一"的核心精神，从战略、运营、人才等方面为被投企业赋能。

访谈到张颖并不是一件容易的事。

每个人每天只有 24 小时。这 24 小时，对于中国头部 VC 机构的掌门人来说，太少了。置身于中国一线 VC 的激烈竞争中，张颖每天要在前线看项目、抢项目，要解决重点项目的突发事件，要赋能优质的被投企业。从张颖的 24 小时中抽出 2 个小时，是一件困难的事，这更显得此次访谈异常宝贵。

中国一线 VC 中强者如云，说张颖投资能力第一，很多人会不服。但若同时考虑影响力、品牌号召力、领导力等，推选一位综合实力的 No. 1，很多人会说是张颖。

提到张颖时，很多认识他的创始人使用最多的一个词是"热情"。

访谈时，我们也能深刻感受到张颖的这种热情，对创投事业的热情，对中国机会的热情。2008 年，张颖与徐传陞创建经纬创投。13 年来，张颖的热情感染着众多创业者，也推动着经纬创投不断向前。

而张颖在创立经纬创投、管理经纬创投之时，也将自己的性格和风格注入这个团队。**全力以赴地拥抱最坚信的赛道，事无巨细地落实投后服务，经纬创投的每个人都和张颖一样，心中有热望，眼中有火花。**

除了一线 VC 机构普遍具备的经验、嗅觉、投研等硬实力之外，经纬创投相较其他一线 VC 机构的独特之处可以用"三化"来概括：早期投资生态化、投后场景化、品牌战略化。

早期投资生态化，这是经纬创投的投资打法。经纬创投会先锚定大的投资方向，比如 2010 年大举押注（all in）移动互联网，如今开始将触角延伸到新能源、智能制造、医疗健康、新一代信息技术等硬科技领域。经纬创投会先在产业链的核心环节抓住重点项目，形成根据地，然后再向产业链上下游延伸，形成网状投资结构，在各条赛道建立生态化的早期投资网络。

比如在新能源车这条赛道，经纬创投不仅投出了理想、小鹏这样的整车企业，同时也布局了车体、电子电器架构等硬件企业以及智能车应用企业。经纬创投在每条赛道都是这样由点形成线，由线形成面，构建生态化投资网络。

投后场景化，经纬创投对投后服务高度重视。在中国 VC 行业，经纬的投后服务处于第一梯队。经纬创投的投后团队会将创业企业在发展过程中可能遭遇的公司战略、企业管理等方面的问题总结归纳成各种场景，并形成合适的解决方案。当某个场景出现时，投后团队能进行许多前置操作，高效应对。

比如经纬创投设立了亿万创业营，由明星公司的创始人亲自授课，分享创业理论与实战技巧，交流创业中各种场景的处理方式，由此经纬的投后场景化得以落地。投后场景化，需要系统性的归纳、基于人性的总结，从而在投后服务中保持前瞻性和高效率。

品牌战略化，这是经纬创投长期发展战略的一部分，也是经纬投后服务的升华。经纬自始至终善待创始人，企业遇到困难时尽力帮忙，企业陷入困境时不去折腾。对投后的无数细节精心打磨，点点滴滴不断积累，逐渐形成一个有温度、有人格的投资机构，而这就是经纬的品牌。构建差异化、有特性的品牌形象，是贯穿经纬成长的主线战略。

张颖的影响力、经纬的品牌形象和一流的投后服务，种种这些吸引着众多创业者，也让经纬在优质项目、稀缺项目的竞争中极具优势。许多优秀的创始人非常信任经纬，愿意选择经纬。**经纬品牌吸引优秀创业者一投**

后服务赋能被投企业—共同塑造经纬品牌，这是一个不断加强的正反馈循环。包括张颖在内的经纬创投的每一个人，斗志昂扬、充满热情，持续推动这个循环，推动经纬创投越来越强大。

为什么是张颖

上天给张颖发了一副好牌，天赋和个性都非常适合投身 VC 行业，而张颖也在人生的每个十字路口做出了正确的选择。中国的时代力量推动张颖跨越一道道艰难险阻，再加上全力以赴的拼搏，最终登上了中国 VC 行业的巅峰。

张颖出生于上海，而后迁居到山东泰安、安徽马鞍山，13 岁时随父母移居美国旧金山。**少年时期，生活环境几经变化，形形色色的人与事打磨着张颖的个性，和不同的人交流，融入不同的环境。**

在美国读高中时，学校充满各色人群，时常发生结伙斗殴，学习氛围并不好。而张颖却很受欢迎，与各类人群都成了朋友，以坦率换取坦率，以尊重换取尊重。

个性是天生的，而张颖在人生重要十字路口的关键抉择，有主动的也有被动的。

第一个选择是由理科转向商科。少年时期，张颖一位朋友的父亲是创业者，创办过几家企业，也做过投资人，张颖间接地受到了许多影响，初识了资本的力量、商业的魅力。这些促使张颖在硕士专业选择时，偏向了商科，选择了美国西北大学的商学专业。

第二个选择是踏入 VC 行业。从西北大学毕业后，张颖去了所罗门兄弟。当时美国正处世纪交接的互联网热潮中，所罗门兄弟是非常有名的投资银行，张颖加入了高科技投行部。两年后，张颖进入荷兰银行，同样是做互联网领域的投行工作，这是一个很好的方向，但 2000 年纳斯达克互联网泡沫破灭，中断了张颖的职业生涯。互联网热潮急速降温，张颖所在部门解散。在寻找新的就业机会时，美国金融行业正处于冰点，张颖频频碰壁。此时一家 VC 机构向张颖敞开了大门，这份机缘让张颖踏入 VC 行业，加入美国中经合集团。

第三个选择是回国。中经合集团致力于早期和成长期企业的投资，而且很早即开始布局中国市场。2003 年，中经合准备派一位值得信任的投资经理去管理中国区业务，这个机会摆在了张颖面前。此时张颖在美国求学、工作、生活已近 20 年，回国并不是一个容易的决定。一方面，张颖以为仅是短期的工作调动，另一方面，中经合的同事都鼓励张颖做出新的尝试。2003 年，多重因素的合力下，张颖做出选择——回国。

第四个选择是创业。2003 年，中国经济腾飞，遍地都是机遇，在美国从事多年高科技企业投资的张颖，有着强烈的方向感。这段时期张颖在互联网领域投出多个明星项目，也结识了许多 VC 行业的优秀投手。潜力巨大的中国市场、飞速发展的 VC 行业、志同道合的投资战友，这一切都让张颖不再想回美国。**置身无限可能的时代，身处前沿创新的行业，与无数心系梦想的创业者交流，对于充满斗志与热忱的张颖来说，一条路似乎已明显得不能再明显——创立自己的 VC 投资平台。**

为什么是经纬

有时外界形容经纬，两个字"凶悍"。之所以给人留下这样的印象，是因为无论是张颖还是经纬，做事都是这种风格：**只要认准的、笃定的事，必然全力以赴。**

2008 年，张颖与徐传陞创建了经纬创投。彼时经纬的创始合伙人均是 VC 业内一流投手，但创业之初，大家聚在一起，并无系统性的投资方向。经纬创立初期，投资仍主要聚焦于互联网对传统行业的改造。

2010 年，经纬打响了立身之仗，大举押注移动互联网。经纬的笃定来源于合伙人团队的群策群力，而全力以赴的凶悍气势则体现了张颖的风格。这一仗，经纬成功抓住了消费互联网红利，在 VC 行业站稳脚跟，也奠定了经纬的打法特色：

"当对一件事情不理解的时候，我们不会去做。而一旦我们把这件事情想清楚了，即便过去是 0，也会迅速努力去做到 80。"

2015 年，经纬系统性挖掘医疗数字化机遇；2017 年，经纬重仓新能源汽车产业链、布局商业航空；2018 年，经纬重点布局创新药、新零售；如今，经纬系统性地捕捉前沿科技、企业服务、工业互联网等领域的机会。**不同的时代有不同的投资脉络，经纬以一线 VC、一流团队的敏锐嗅觉捕捉变化之时，其凶悍、全力以赴的打法更是一以贯之。**

而最能体现经纬风格的，要属其投后服务。经纬的投后支持团队完全由张颖统率，这是一个近百人的团队，也是经纬最大的团队。

每家 VC 机构都希望做好对企业的投后支持，也都强调自己的投后服务非常优秀。但想要建立高质量的投后服务，需要对无数细节进行长期打磨。这是一个持续优化、不断积淀的过程。**经纬的投后服务体系是一个长期的、全力以赴投入的成果，是其他 VC 机构短期内难以复制和效仿的。**

以经纬投后团队的医疗服务小组为例，该小组重点解决创业者及其家庭成员医疗健康方面的突发问题。若创业者及其家人突然受伤或生病，该小组会立刻联系一流的医生，安排就医流程。而这些医疗服务的资源，正是经纬在医疗领域长期的人脉积累。

像这样的投后服务小组，经纬有十个，除了医疗服务之外，还会提供人力资源、公共关系、政府关系、法务、财务等方面的服务。

经纬会以各种形式举办创业分享会，让创始人彼此交流，让成功的创业者分享经验。张颖会与创业者持续沟通，交换对行业的思考。在行业或企业发展的关键节点，或在资本市场出现重大变化时，张颖会给出自己的判断和建议。这些都是经纬赋能被投企业的方式。

回国之初，朋友们担心张颖直爽、热切的性格会让他在国内金融行业碰壁。**而事实证明，这种个性反而成了张颖的武器，豪爽、直率让许多创业者信任他，拼劲、热情也让经纬更纯粹，更凶悍，跑得更快。**

对于未来，经纬笃定的是国运，是中国机会：

"国运当头，中国的创业环境只会越来越好，我们会聚焦中国，全力以赴。"

为什么是中国

回顾过去十几年，无论是 VC 行业，还是中国经济大环境，都经历了低谷，经历了困难，有人提出各种各样的问题，有很多人动摇。**而结果是，从互联网普及，到移动互联网红利，到产业转型，再到消费升级，中国经济迸发了巨大的活力，中国 VC 市场涌现出了大量的机会。**

　　"过去有许多人因为各种各样的原因，选择出国。其中有些人对自己的选择很满意，但也有不少顶尖的人才因为自己错过了一个时代的机遇而深感遗憾。如果他在中国，可能会成为一个创业者、一个联合创始人，也许如今已取得巨大的成就。"

　　张颖这样总结自己的感受。2003 年，张颖回国，当初可能仅是一个短期的决定，而之后十余年，他看到了机遇，把握住了机遇，也对未来的机遇更加充满信心。

　　如今，硬科技、大医疗、智能汽车、数字化企业服务、大消费、碳中和等各条新经济赛道都在蓬勃发展，而经纬也继续以全力以赴的姿态，投身中国发展最前沿、最亮眼的领域，拥抱变化，发现机会。

　　"聚焦中国，子弹不断，投资不断"，这是经纬的口号。狭路相逢勇者胜，而经纬与张颖，在一线 VC 的厮杀中，不仅是勇，更是凶悍。

matrix
PARTNERS CHINA
经纬创投

- 经纬创投创立于 2008 年，规模超过 500 亿元人民币，是行业内长期专注早期和成长期投资的头部 VC 机构，专注智能制造、硬科技、航空航天、消费、企业服务、医疗健康等领域的投资。

- 目前累计投资 700 多家企业，包括小鹏汽车、理想汽车、瓜子二手车、饿了么、有赞、容百科技、极米科技、陌陌、滴滴、自嗨锅、嘉和生物、简爱、芯驰科技、星际荣耀等。

- 创立近 13 年来，经纬创投组建了 40 余人的投资团队，持续重仓中国、聚焦中早期。

- 经纬坚信创业者第一，组建 VC 行业最强大的投后服务体系，共 100 余人的投后团队从战略、运营、人才等各个方面为被投企业赋能，尽一切努力为创业者提供价值。

要想很好地评估创业者，重要的是

你自己的阅历、眼界和胸怀

访谈时间：2021 年 11 月

一个个路口的选择，走向 VC 掌门人

好买：您如何走上了 VC 这条路?

张颖：我十几岁的时候随父母移居美国。少年时期我一位朋友的父亲是创业者，创办了几家公司，也做过投资人。这算是我最早接触到创业者的工作节奏和生活方式，而这些多多少少在商业及创业，乃至投资上，对我产生了一定影响。后来报考硕士研究生的时候，我选择了商业相关的专业——西北大学的商学专业。

毕业后，进入所罗门兄弟的投行部门工作。两年之后，又去到了荷兰银行。但不幸的是，我工作的部门后来解散了。

当时印象很深刻，在失业后的一周时间内，我投了 4000 份简历给美国几乎所有的投行及 VC 机构。后来我应聘去了美国中经合集团，碰巧的是，新的工作地址在老东家荷兰银行的马路对面。我在中经合的美国办公室工作了两年，随后被派回国出任中国区首席代表，全面负责中经合在中国地区的投资业务。

2003 年回国后，很幸运地挖掘并投资了许多优秀的项目。我一直觉得，那时候的运气与实力可能是 7∶3 的关系。时代赋予的机会，我们有所准备，也把握住了。

好买：后来出于什么原因自己创立一家 VC 机构?

张颖：2003 年回国后，一系列投资还算成功，许多投资机构都以非常

好的条件邀请我加入。但最后我没有选择去任何一家，当时也说不出明确的理由。现在回想起来，也许潜意识里已经有了一个非常强烈的自己创建平台的想法。

如果走错一个或两个路口，没关系，还可以回头；但连续走错三个甚至更多的路口，也许就再也回不到最初的主干道，工作、生活、人生都是如此。回头看，我想我创业的选择是正确的。

富有挑战性的事情最容易让人上瘾。我喜欢投身于一线 VC 机构的厮杀，在厮杀过程中，我能迅速感知创投行业所有的风吹草动和温度变化，并做出相应的判断。在这种厮杀中，我也能体会和发现创投行业的中长期方向，做出调整和应对。2008 年我创立了经纬创投，选择创建一个自己的团队。

经纬创投，头部 VC 机构，顶级投后服务

好买：中国 VC 行业两极分化和头部效应非常明显，在投资中您有这方面的感触吗？

张颖：今天中国的一级市场基金，如果想做好，其实并不难，聚焦中国，子弹不断，投资不断。这种逻辑其实已经存在了五年，甚至十年。坚持这几点逻辑的少数基金已经开始出成绩，进入一个正向循环。

很多在中国的基金都给自己贴上"聚焦中国"的标签，但百分之百、心无旁骛地持续聚焦，不受资本市场动荡的影响，坚定地认可和投资创业者的机构并不多。**聚焦中国，纸上谈兵和真正践行是两回事。**

聚焦中国，子弹不断，投资不断，收益不断。而后反哺子弹不断，投

资不断，收益不断，由此形成一个正循环。而真正能实现这一正循环的 VC 机构其实并不多，VC 行业呈现严重的两极分化。

以经纬创投早期和成长期的投资为例，在估值为 1200 万～20 亿美元的一级市场投资中，大概 90% 的时间我们其实在和八九家机构竞争，加上一些专注于垂直赛道的投资机构，如专注于医药、芯片等领域的投资机构，我们的竞争对手不过十几家。

而 60% 的时间里面，其实我们只和四家机构在竞争。这种竞争是异常惨烈的，我们每周都会经历两三次抢项目，与其他机构竞争去说服创始人与我们合作。有好几次，凌晨一两点，我坐在电话边等待，等团队和创始人谈完，看是否还有异议和问题。为了表达经纬的决心，我会和创始人通一个电话或者视频，聊半个小时到一个小时，把我的态度，还有经纬和其他 VC 机构相比有什么不同，投后的服务有哪些特色，经纬能给创业者带来什么等内容再给创始人陈述一遍，以解除创始人的顾虑，让他们相信经纬，选择经纬。

VC 行业两极分化很严重，经纬始终在子弹不断、投资不断、收益不断的正向循环中处于一个良好的状态。**经纬在中国，在 VC 领域，就是一条龙，这条龙和其他龙的厮杀，异常惨烈。**

好买：和其他头部 VC 机构相比，经纬有哪些特色或优势？

张颖：第一个优势是经纬的价值观，也就是我们的红线和必须坚持的事。**我们强调尊重创始人、善待创始人、简单直接的沟通、有效的细节处理，而且要把所有的精力聚焦在最好的公司与项目上。**当把这些事情做透之后，所有的坚持终会爆发。

VC 行业的变迁速度很快，如今 VC 机构众多，做好投资比拼的已不仅

仅是投研和眼光，关键还要让创业者信任你，愿意与你合作。一家 VC 机构的品牌号召力和创业者认可度尤为重要。我们和创始人并肩作战，长期保持沟通，在他们自满的时候提醒他们，在他们低迷的时候鼓励他们，几年之后看到他们的辉煌，同时也分享他们的成功。

第二个优势是经纬的投后服务。在中国 VC 行业，论投后支持，我可以很自信地说，没有机构比经纬做得更好。

在 VC 投资中，投后服务是非常重要的一环。**在做好投研的同时，经纬投入巨大的精力经营与创业者的关系，这在行业内是非常少有的**。无论是帮助创始人解决突发难题，还是帮助初创公司拓宽发展途径，经纬的投后团队都有丰富的实践经验。**如何管理投后团队，如何让团队始终充满斗志，如何切实帮创业者解决问题，这里面有太多的细节需要把握和打磨。**

例如，经纬投后团队中设有一个六七人组成的紧急医疗服务小组，专门处理创始人及其家庭成员所遇到的各种医疗问题，给出解决方案，协助手续办理。该小组每年要处理 500 余起重大医疗事件，随着经纬投资的项目日益增多，这类医疗事件以年均 12% 的速度增长。

这是经纬不一样之处，即对创始人给予特有的关注与尊重。每个机构都会说自己尊重创业者，但经纬不仅仅是表面上的关心与尊重，更是切实地付出行动，在细节方面呵护创业者，在逆境中帮助创业者。经纬投后支持团队包括数据分析、医疗服务、政府关系等各个小组，为创业者提供无微不至的帮助。**同为尊重，但将这一件一件细微的事情坚持做到极致，那就是十万八千里的差别。**

经纬投后服务的独特之处还在于，全力以赴地支持最重要的、能将利益最大化的项目。如果一些项目未来渺茫或已经失败，资源投入会立刻停止，投后团队也不会再投入任何精力。

当然，即便在这种情况下我们仍会发自内心地尊重创业者，不抱怨、不折腾、不苛求。任何创业者，当他放弃了舒适的生活，希望通过创新来改变这个世界时，其本身就应该受到尊重。当初投资的时候选择相信他，那么即便项目失败了，依然应该保有这份尊重。

好买： 业内都说您对待同业非常强势，但对创业者，尤其是经纬选择并信任的创业者却非常谦和，这两种印象反差很大。

张颖： 在许多资管机构中，自大的现象不在少数。不少年轻从业者，自以为代表了某个基金品牌，有时候会把基金的能量当成自己的能量，变得自大，高高在上地对一些创业者指手画脚，这些作为在经纬是绝对不允许的。

我经常提醒经纬的每一位员工，做任何事情都一定要做到位，要发自内心地尊重他人。 经纬也在用各种各样的方法，包括我自己的以身作则、相互间的交叉提醒等，让我们在创业者面前自信但不自大。

我觉得只有一种情况下我们应该自大，就是面对强大的竞争对手时。当大家都足够优秀而互相瞧不起的时候，我们要足够强势，要以强制强。其实被优秀的人瞧不起是一件幸福的事，我觉得这是一种求之不得的状态。以前我经常会假设一些"敌人"，后来随着经纬的发展他们成了真正的"敌人"，但正是因为这些"敌人"的存在，我才能兴奋地埋头于自己的工作，才能不断激励经纬变得更好、更强。

创始人的品牌力量 × 团队的投资力量

好买： 2010 年其他 VC 机构都在投资 PC 互联网的时候，经纬开始关注移动互联网。2014 年其他 VC 机构广泛投资移动互联网的时候，经纬对投资团队进行垂直分类，看一些更前沿的领域。而后在新能源最低谷的时期，经纬又去投了造车新势力。经纬如何总能先人一步系统性地捕捉到比较大的机遇？

张颖：经纬所有的明星项目都不是我独自投出来的。所有的项目都是我参与讨论、赋能企业，由经纬其他合伙人主导，发现了这个项目，有了最初的判断。**经纬的成绩是大家的，我只是在某些环节完成了对被投企业的赋能。**

首先，对于经纬，某种程度上我只是一个代言人、一个创始人的形象。经纬的品牌很容易放大我在公司的作用，虽然我的作用很大，但并没有大家感知的那么夸张。

其次，经纬的几次转型都抓住了行业的前沿，这主要归功于大家透彻的讨论。经纬的内部讨论可谓异常激烈，大家经常争论到拍桌子。**在中国，任何一家成功的公司，靠的是七分专制、三分民主。创始人一定要把握大方向，用数据去证明自己的想法，理性的也好感性的也好，排除异议，让公司不偏离主航道。**

比如经纬的大方向，聚焦中国，子弹不断，投资不断，兵团作战，加大投后管理等，这一切如今来看都没有错。

但是在 VC 机构，还有另外一个准则：在投资方向和行业的选择上，是七分民主、三分专制。如果在投资上也搞一言堂，所有的项目都是我说了算，那今天经纬的成就可能会缩水到十分之一。我的精力是有限的，而经纬需要的是一个完善的投决体系，多数情况下是民主的决策，少数大金额的、聚焦的、我有强烈感触的项目，我才会做决策。

好买： 早期投资中最重要的就是对人的选择和押注，因为创业项目初具雏形，投资人能够把握的最重要的因素就是创业者，您能做好早期投资是不是也和您识人知人的能力有关？

张颖： 我经常会与创业者做当面沟通，在交流完之后，差不多就能对这个人有一个初步的判断。我觉得想要很好地理解他人，重要的其实是自己的阅历、眼界和胸怀。对人性的感知，对一个创业者为人的判断，对动态交流中信息的捕捉，随着一个人阅历和经验的不同，有明显的段位划分。比如一个木匠老师傅、一个学艺三四年的徒弟和一个刚入门的弟子，面对同一件工艺品时，他们对整体及细节的见解是不一样的。

我的识人能力以及对创业者的把握和判断，其实和我的人生阅历息息相关。我出生于上海，而后移居山东泰安、安徽马鞍山，13 岁时去美国读书，毕业后在美国工作。2003 年我选择回国，2008 年创建经纬。国内国外生活和工作的磨炼，一路的人生经历，我见识过各种各样的创业者，中国的、美国的，成功的、失败的，优秀的、平庸的，这些经历塑造了如今辨人识人的能力。

好买： 您在与创业者沟通方面有哪些经验？

张颖： 每个投资人与创始人沟通的时候，都有自己的风格。在我与创始人沟通之前，团队已经在产品、技术、市场等方面收集了大量信息，所以我只需关心创始人品质、素质方面的特征。和创始人打交道的时候，我的风格是极其的简单直接，或者说简单粗暴。当有些创始人不太适应的时候，我会解释为什么要问这个问题。只要是我参与的沟通，即使最后没有投资，也会给予创始人一些真诚且有意义的建议。

以鲜明的风格，铸就经纬的团队

好买： 一家投资机构想保证创始团队或投研团队的稳定是非常困难的，大部分一级市场或二级市场的投资机构都很难做到，但经纬是行业内团队最稳定的机构之一，请问这是如何做到的？

张颖： 首先，打胜仗是一切的基础。**打胜仗就是最好的管理，在打胜仗的激励下，整个公司的状态会越来越好，员工的积极性也会越来越高。**

其次，在共事的过程中，要给员工足够的空间，赋能员工，让他们从各个维度成长，让他们得到自己想象不到的收获和成就。

最后，就是要做好分配与激励。

当然，这其中还有很多细微的调控，可以采用很多方法。比如某个合伙人如果觉得自己不可替代，那我就会向他证明，他是可以被替代的。我们会培养年轻团队，建立分层次的人才梯队。我们会努力满足每个合伙人的诉求，为他提供应有的资源。如果还是存在分歧，那就把他换掉，没有谁是不可替代的。我们的合伙人都是自己培养起来的，从分析师、投资经理一步步逐渐成熟。

总之就是以上三点再加上一些管理手段、管理风格。**投资机构不能采用职业经理人的管理模式，而一定是创始人带着情绪，带着活力，带着自己非常鲜明的风格，管理一个高智商、高学历、上百人的团队。**

在中国的一线 VC 中，论投资能力，若最头部的两个人得分 85～90 分，那我可能只有 74～75 分。但如果综合考虑影响力、管理能力、品牌建设能力、打造高质量投资团队的能力，如果我是 85 分，可能没有人敢说自己是 90 分。

好买：经纬一直以来专注于早期投资，而近几年也越来越多地参与成长期、中后期的投资，这种变化的背后有怎样的考虑？

张颖：在以前的投资中，因为自身的想法局限于早期投资，错过了不少机会。之前，因为考虑到我们是 A 轮投资人，所以很多时候当公司涨到 10 亿美元估值时，我们就不再加码，结果相当于放弃了之后 5 倍甚至 10 倍的上涨空间。

在过去的一年半时间里，我们不断反思，后来清楚地明白，不能局限于早期投资的眼光，而是要用大量的资金去支持我们真正看好的公司，对明星公司的股权保护要更加义无反顾。

当初我们以早期投资者的身份为借口，其实是非常不负责任的，这是对公司未来发展空间没有把握，也没有意愿去了解，没有胆量去设想，这是一种无能的表现，现在我们不会了。

足够的沉淀，足够的交流，足够的阅读，足够开放的心态，慢慢地在某一个节点，我会发现自己的错误。**我做事的风格，也是经纬做事的风格，就是当对一件事情不理解的时候，我们不会去做。而一旦我们把这件事情想清楚了，即便过去是 0，也会迅速努力去做到 80。**犯错不可怕，但错了就要彻底认错，调动一切的资源去补救。只有这样机构才能新陈代谢，才能有容错的空间，才能保持头部的状态。

好买：如果给 VC 机构打分，满分是 100 分，您会给现在的经纬打多少分？

张颖：现在 VC 行业两极分化很严重，头部机构具备足够的行业知识，也有足够的钱，机构间的厮杀很激烈但也很幸福。2020 年初，我给经纬打了 70 分，并向着 83 分努力；2021 年，我觉得经纬应该是 73 分，向 83 分迈进。

这一年多时间里，我们回报超 10 亿美元的项目数量又有了大幅提升，而且还有大量的明星公司，我们能清晰地看到它们未来的回报潜力，我们在不断进步，对未来充满信心。

眼中有火，用资本撬动行业变革

好买：让您置身于一线 VC 机构的厮杀中，不断拼搏、努力、进步的动力是什么？

张颖：前段时间我还和理想汽车创始人、小鹏汽车创始人聊过。和这些顶级创业者交流是一个非常畅快的过程，我们的许多想法都是共通的，能高效地交换一些非常前沿的思考。这些创始人都是数十亿美元身家，但依然兴奋地拼搏于行业第一线，每天工作十几个小时，他们奋斗的动力是什么呢？

对于我来说，作为一个创投人，在一些非常前沿的领域，能够用资金帮助众多创业者，能够用资本的杠杆效应撬动整个行业的变革，能够为中国的发展做出贡献，当深度参与其中时，这种快乐与成就感是难以言表的。一些非常前沿和高端的行业，虽然我们的投资暂时还未取得回报，离真正赚到大钱可能还有数年时间，但我对未来充满了憧憬。

早期投资是一件难度非常大的事，我在这个行业里已经做了 20 多年，深刻理解了什么是焦虑，什么是如履薄冰，什么是老天爷派下来的苦差事。**但如今我越来越痴迷于这项事业，因为这种长达几年乃至十几年和创**

始人的相互陪伴、共同成长，这种曲折和起伏带来的深厚友情和相互信任，以及最终的成就感和喜悦，是其他行业里任何一份工作都无法比拟的。

我 2003 年回国至今已有 18 年，经纬成立也已 13 年。我清楚地知道工作上的卓越其实要付出很多的代价，包括个人的代价、生活的代价以及家庭的代价。我觉得自己是比较幸运的，也觉得做创投这件事始终是值得的。VC 这个工作虽然会让人每天都很焦虑，但同时也会让人期待新一天的到来。

好买： 作为知名 VC 机构的掌门人，您如何平衡工作和生活？

张颖： 我平时既喜欢摩托车越野骑行、背包徒步，也享受待在家里读书、看纪录片。

我觉得，**不会享受生活的人，其实也无法成就大事**。创业好比是一次次艰难的长征，你要控制节奏，要有自己的兴趣，做好工作也活出自己。今天的大环境已经和 10 年前不太一样了，10 年前遍地是机会，埋头苦干就能杀出重围；而今天创业要难很多，如果你不是一个多元的人，如果你没有魅力、没有气场、没有亮点，就无法吸引优秀的人帮助你，和你一起去实现梦想。

创业的过程非常漫长，要想走得更远，每个人都需要找到工作和生活的平衡点，找到适合自己的解压方式，VC 工作也是如此。

好买： 您在工作中如何分配自己的精力？

张颖： 一是前面提到过的抢项目，想要做好 VC 投资，就要看到别人都没看到的好项目，凭借专注与专业，挖掘独角兽，抢占初始份额；

二是赋能明星公司，竭尽全力去帮助它们，利用强大的投后团队助力其成长壮大；

三是团队建设，培养年轻人，在经纬内部进行梯队建设。

以上三项工作占去了大部分精力，剩下的时间可能还会做一些高质量的公关工作，树立经纬的品牌形象。

聚焦中国，子弹不断，投资不断

好买： 您一直强调聚焦中国，还用中国的传统象征"龙"来形容经纬，可见您对中国市场非常热爱。

张颖： 我个人的兴趣爱好是摩托越野骑行，去一些没有路的地方，到一些中国最不发达的乡村。我看到了不同的自然景观，体会到各种各样的风土人情，也切实感受到了中国最朴实的人民对美好生活的向往，而他们生活的改善与变化也真实地展现在我的面前。这些景象让我由衷地对中国未来的发展充满信心。

前几年中国大城市的雾霾很严重，但经过两三年的治理，情况有了很大改进。很多人因为生存环境的考虑，可能选择移居国外，改变了人生轨迹。也有许多人因为各种各样的原因，选择出国，在国外有了根基，不回来了，也就和中国国运没有关系了。其中有些人对自己的选择很满意，但也有不少顶尖的人才因为自己错过了一个时代的机遇而深感遗憾。如果他在中国，可能会成为一个创业者、一个联合创始人，也许如今已取得巨大的成就。这些都是很前置的思考，很简单的逻辑，但许多人看不清。

国运当头，中国的创业环境只会越来越好，我们会聚焦中国，全力以赴。我觉得当下中国的高净值人群应该重仓中国，应该把自己的资金投入中国发展最前沿、最亮眼的领域。

我觉得在今天的中国，对于私募股权这类资产的投资可以稍微激进一些，放个人可投资金的 15%～20%，甚至 25%。这是赚长期的钱，它的流动性比较差，多年之后才能有回报，但投给真正好的基金，必定会有一个很可观的年化回报。

当然，前提是 VC 基金要足够优秀，要是头部的管理人，聚焦中国、有业绩、子弹不断、投资不断。最重要的，管理人的团队一定要有欲望，眼中有火，有拼搏的精神和驱动力。

好买：经纬会聚焦于中国哪些最前沿、最亮眼的领域呢？

张颖：任何一个行业，如果能早半年布局，那么可能就是一分的投入、十分的收获；一旦这个行业变成了热点，半年之后才布局，那么很可能是十分的投入、一分的收获。对于**芯片、新药研发、AI、企业服务、航空航天等这些领域，如果今天才了解行业知识，意识到发展前景并开始组建团队布局，那么投资难度就非常大。对于许多前沿领域，我们都要争取早一步布局。**

2010 年，经纬做出了一个让很多同业颇为诧异的决定，大举押注移动互联网。经纬的打法和策略非常鲜明，高度聚焦移动互联网带来的行业变革。这种专注让经纬躲过了很多陷阱，也抓住了移动互联网流量爆发的大趋势。

如今我们聚焦新经济。一是新技术，包括所有的硬核技术，如芯片、无人驾驶、新能源汽车等等。二是新消费，即技术进步带来的新产品。三是新医疗，在新的经济环境下，经纬感兴趣的是重大疾病药品的创新研发以及 AI 技术在医疗领域的应用。

社会在不断创新，经纬聚焦的领域也在不断更新。在求生欲和求知欲的驱使下，经纬紧跟时代步伐。**中国创新市场非常大，新的行业不断涌现，我们要持续抓住新经济的脉络，然后抢先布局。**

好买： 对经纬的未来有什么期许吗？

张颖： 其实我对未来的期望很简单，在各条新兴赛道中，从现在开始发展最好的十家公司中，由经纬主导或是跟投的至少要有三家，同时也要有一个很从容的股份占比。如果能达到这个目标，我觉得经纬应该就有83分了。

我认为，公司的状态可划分为六档：良好、持续良好、优秀、持续优秀、卓越、持续卓越。每一次跨越都要经历五年时间，良好，五年之后变成持续良好，再过五年到优秀，然后是持续优秀，再过五年到卓越，之后是持续卓越。所以一家投资机构要想达到"持续卓越"的状态，至少需要30年。持续卓越意味着要有代际的交接，即有一个非常清晰的接班人，无论品性、价值观、投资能力，还是募资及退出管理都是一把好手，可以随时接管基金，这样才能持续卓越。在我看来，目前还没有一家机构达成持续卓越，而这正是经纬所追求的长期目标。

张颖投资金句
QUOTATION

❶　今天中国的一级市场基金，如果想做好，其实并不难，聚焦中国，子弹不断，投资不断。

❷　VC 行业的变迁速度很快，如今 VC 机构众多，做好投资比拼的已不仅仅是投研和眼光，关键还要让创业者相信你，愿意与你合作。

❸　在中国，任何一家成功的公司，靠的是七分专制、三分民主，创始人一定要把握大方向。

❹　想要很好地评估创业者，重要的其实是自己的阅历、眼界和胸怀。

❺　犯错不可怕，但错了就要彻底认错，调动一切的资源去补救。只有这样我们才能新陈代谢，才能有容错的空间。

❻　VC 这个工作虽然会让人每天都很焦虑，但同时也会让人期待新一天的到来。

❼　国运当头，中国的创业环境只会越来越好，我们会聚焦中国，全力以赴。

❽　任何一个行业，如果能早半年布局，那么可能就是一分的投入、十分的收获；一旦这个行业变成了热点之后才布局，那么很可能是十分的投入、一分的收获。

纪源资本（Granite Global Ventures，GGV）于 2000 年成立并开始投资中国，是最早一批研究中国项目、投资中国项目的 VC 机构。

GGV 不只是 VC。 GGV 在投资上全阶段覆盖，早期、成长期、中后期的项目均有布局。

专注于最有潜力的赛道，以成熟的产业思维理解中国机会，以合理、自由的团队建制推动协作与进步，GGV 以其独特的优势与打法，走在时代变革的最前沿。

纪源资本　符绩勋

把握时代变革，做对选择，做好传承

符绩勋
纪源资本　全球管理合伙人

- 2006 年加入纪源资本，目前担任全球管理合伙人。

- 在风险投资领域已经有超过 20 年的经验，曾与众多成功企业家合作。被公认为中国顶级投资家之一，投出过众多独角兽公司，包括百度、去哪儿/携程、优酷土豆、优视科技、小鹏汽车、Grab、滴滴出行、满帮集团、 Boss 直聘等。

- 主要关注企业服务/云、半导体、医疗科技、智能出行等领域的投资，在诸多业内重大战略并购中担任重要角色，包括优酷/土豆、百度/去哪儿、携程/去哪儿、运满满/货车帮等。

- 自 2015 年以来多次入选"福布斯全球最佳创投人"百人榜单（The Midas List Top 100）；自 2006 年起多次入选"福布斯中国最佳创投人"榜单。

点开纪源资本的公众号，介绍仅简单几个字——**不只是 VC。**

在中国，风险投资（Venture Capital，VC）是舶来品。**VC 的概念源于海外，是向初创企业提供股权融资的风险投资。**2000 年以来的 20 多年时间里，VC 行业在中国从无到有，从点点绿芽到蔚然成林，从星星之火到燎原之势。中国经济的崛起、转型，互联网、移动互联网等创新企业的扎根、茁壮，为 VC 提供了海量的机遇。**中国 VC 市场中也涌现出一批批把握时代脉搏、分享创新红利的 VC 机构。GGV 正是其中之一。**

GGV 于 2000 年成立并开始投资中国，是最早一批研究中国项目、投资中国项目的 VC 机构。截至 2021 年 12 月，在成立以来的 20 余年里，GGV 共投资了 400 多个项目，其中有 92 家公司已成长为独角兽企业，55 个项目实现 IPO，中国项目平均年化内部收益率（IRR）约 50%。**无论是投资胜率还是投资回报，GGV 均是中国市场 VC 机构的领跑者。**

而且，GGV 不只是 VC。

多数 VC 机构主投成长期项目，即产品、业务、商业模式基本成型的创业企业，较少涉及刚刚创业的早期项目，而 GGV 在投资上可谓全阶段覆盖，早期、成长期、中后期的项目均有布局，**且早期项目（占比 20%～30%）命中率非常高，所投项目中逾 70% 获得后续轮融资。**

一般的 VC 机构强调赔率，即广撒网捕大鱼，而 GGV 则相对聚焦，看重胜率，不贸然出手。

既布局早期项目，又看重企业成长的确定性，这看似矛盾的特征成了 GGV 区别于普通 VC 机构的最大特色。GGV 正是以这种打法，取得了长期耀眼的战绩，在中国和美国均跻身顶级 VC 行列。

在对 GGV 全球管理合伙人符绩勋的访谈中，我们也在探寻 GGV 的成功密码：**不只是 VC 的 GGV，如何成为一家顶级 VC？**

符绩勋 2000 年即开始研究中国 VC 项目，早先任职于世界著名 VC 机构德丰杰（Draper Fisher Jurvetson）。2006 年符绩勋加入 GGV，现任 GGV 全球管理合伙人。

20 余年 VC 投资经验，在 GGV 十多年投资和管理经历，符绩勋娓娓道来 GGV 的成功之路：**聚焦核心领域，保持国际视野，秉承合理建制。**

GGV 的聚焦：专注于最有潜力的赛道

2000 年 GGV 成立并开始投资中国。彼时的中国对 VC 机构来说还是一片新大陆。由于经济体量和经济结构的原因，中国市场的投资机会并不多，海外 VC 机构也未充分重视，仅有少数 VC 机构看到中国的潜力，开始布局中国市场。

之后十余年，中国经济进入发展黄金期，各行各业机会不断涌现，从消费到投资，从传统基建到新兴互联网，每个行业都飞速增长，充满机遇。**在经济增长的驱动下，金融行业也走向繁荣，VC 机构纷纷创立，VC 市场逐渐成熟。**

然而，面对中国经济的高速增长，符绩勋却坦言 2005—2008 年是自己感到迷茫的一段时期。有时机会太多，反而让人分身乏术、难以兼顾：

"**中国的机会非常多元化，有节能减排方向的，有消费方向的，也有互联网方向的，这三年时间里我考察了很多差异巨大、没什么关联的项目。我并不确定自己有什么资源和能力，能在哪些项目上做得更好，所以这三年我有些迷茫，没有找到方向。**"

2008 年的金融危机给火热的经济和火爆的投融资环境降了温，经济周期的潮水渐退之后，各个行业的增长出现了分化。**互联网行业展现出极强的韧性以及更高维度的技术周期力量。**

经历潮涨潮落，符绩勋逐渐找到并确定了航行的方向。**他意识到，必须聚焦于一些长期确定性最高、趋势最好的赛道，才能集中资源和精力，形成优势，打开局面。**

"2008—2009 年，我开始回归互联网领域。有意思的是，在经济不景气的时候，互联网、数据化、信息化会突发崛起。我发现互联网是另外一个世界，那时这个世界相比许多传统制造业其实还很小，但这个世界在不断壮大。我见证了互联网行业的崛起，也走出了迷茫，找到了自己 VC 投资的立足点。"

2011 年，符绩勋对 GGV 进行了大刀阔斧的改革，精简投资方向，奠定了 GGV 专注、聚焦的投资风格。

GGV 不断挖掘新的主题，寻找潜力和空间最大的赛道，然后高度聚焦，在赛道内系统性布局，可能会投成长期项目，也可能会投早期或中后期项目，整体而言，是围绕特定赛道打出组合拳。

目前，GGV 聚焦于前沿科技（智能硬件）、企业服务（云服务）、消费升级（新零售）、产业互联网这四大领域。其中，前沿科技与企业服务是 GGV 近几年重点投资的方向，在新能源、半导体、AI+ 医疗、智能制造等细分赛道进行了系统性的布局。

如符绩勋所说："投资是做选择题，要把最有效的时间和资本放在最好的项目上。我们不可能百分百服务好几百家被投企业，我们关心的是，如何让平台的战略和投后服务的效率统一起来，用更好、更快速的方式去服

务那些最重要的被投企业。"

GGV 的团队分成几个小组，每个小组聚焦于特定的主题和方向，深度挖掘相应的投资机会。对于具体的项目，不同阶段或不同赛道 GGV 会有不同的考量。早期项目缺乏实证的业务数据，重点考察创业者的品质与能力；对于成长期与中后期项目，则必须完全理解项目最核心的商业逻辑，彻底弄清楚企业的成长路径后再去布局。

比如某移动出行平台，GGV 很早即接触了这个项目，但迟迟没有投资，因为行业格局复杂，该企业的发展存在很大的不确定性。而后来，该企业的估值达到 20 亿美元时，GGV 看到了行业内关键性的并购可能，看清了该企业的成长路径，于是开始投资，最终收获几十倍回报。**虽然错过了早期介入的机会，但必须要有足够的理解、足够的信心，才会出手，这就是 GGV 的风格。**

再比如涉及某家造车企业的一个早期项目，创始人刚出来创业，第一轮融资时 GGV 就果断布局。因为 GGV 对于该创业者非常有信心，这也是 GGV 评估早期项目时最看重的因素。

如符绩勋所说："VC 这个行业，越早期的项目争议性越大，每个投手都能提出各种各样的问题，而且这些问题没有答案。所以选择早期项目时，必须要对这个创业者有较高的确信度。人具有一定的成长性，随着时间的推移，会不断地学习和进步。"

总之，GGV 专注于几个特定方向，在各细分领域、各创业阶段进行系统性布局，然后具体项目具体分析，每个项目都做到有把握、有信心，以组合拳直击目标，对每一拳和每个动作都精心打磨，做到极致。

GGV 的国际视野：以成熟的产业思维理解中国机会

GGV 每个季度都会复盘重点跟踪的项目，同时会对关注的细分赛道更新迭代，不断挖掘新的主题。**如何去寻找新的主题和机会呢？一方面，GGV 会密切关注中国 VC 市场的动态；另一方面，则是不断以国际视野审视各行业的机遇。**

GGV 横跨全球投资市场 20 余年，在全球范围内寻找技术驱动的投资机会，其合伙人也普遍具有海外工作背景。发达国家许多行业的发展路径都可以用来指导中国本土的 VC 投资。

以国际视野审视中国机会并不意味着将海外套路照搬到中国，而应以更完整、更成熟的产业思想去看待中国初创企业的挑战和机遇。

中国经济有许多本土化特征。比如在企业结构方面，美国的企业结构是典型的枣核形，腰部的中型企业数量众多；而在中国，中型企业数量偏少，尾部企业数量巨大，长尾效应非常明显。所以在中国，产业互联网这条赛道尤其值得关注，因为产业互联网的本质是通过互联网改变产业结构，使这个产业更加扁平、高效。经过多年的整合并购，美国的产业链条已经非常扁平，而中国的产业链条较为复杂，因此催生了产业互联网领域的机会。

审视中国经济的发展轨迹，一直以来人工成本较低，中小企业的许多问题都能靠人力来解决。然而随着中国人口红利消退，人才成本不断提升，对企业而言，在许多问题上要开始寻找人力以外的解决方式，使用更好的系统、加大软件的投入将是大势所趋。

在 IT 投入方面，中国企业和美国企业的差距依然很大。中国消费互联网公司前十强和美国消费互联网公司前十强相比，两组企业的总市值相差 3~4 倍，而如果对比中美产业互联网头部企业的市值总和，两者之间的差距则高达 20 倍。

所以用国际视野审视中国企业结构的变化趋势，审视中国中小企业的发展诉求，GGV 看到了中国产业互联网领域的机会。VC 行业投的是新变化、新趋势，而国际视野恰恰能帮助 VC 机构借鉴海外经验，发现新变化，评估新趋势。GGV 的国际视野是其重要优势之一。

GGV 的合伙人制：合理、自由、传承、进步

一家成功的 VC 机构离不开奋战在最前线的优秀投手，而一家 VC 机构若想持续创造耀眼业绩，则需要长期凝聚一批顶尖投手。

2020 年福布斯全球最佳创投人榜单中有 20 位华人投资人上榜，其中 GGV 有三人上榜，与红杉中国并列为上榜人数最多的在华投资机构。2021 年，这一数据再次被刷新，在 2021 年福布斯全球最佳创投人榜单中有四位 GGV 管理合伙人上榜。

不仅是投手的实力，在投手的稳定性方面，GGV 也足够引人瞩目。当前六位管理合伙人在 GGV 的平均任期超 10 年。核心团队的长期稳定和 GGV 科学的团队管理、分工建制密切相关。

GGV 采取合伙人制。一方面，每个投手有充分的自由。合伙人会有明确分工，每个人专注于特定的主题，主题相关的所有项目均由他来负责。每个合伙人会基于自己的判断分配有限的时间、人力和资金，最大限度地

发挥自己的能力，做出最优的选择。

另一方面，GGV 也会以合理的奖惩机制考核每个投手的表现。每个合伙人有权利和资源去投资，但也要承担相应的责任，分享成功的同时，也要为失败买单，一切必须是合理的。

在 GGV，每个人都会得到充分的尊重，每个人也有自己的空间和舞台，而每个人也要遵循规则，为自己的选择负责。自由、合理的组织建制，凝聚起了 GGV 的顶尖投手。

如果合伙人制是 GGV 团队第一大特色，那第二大特色就是 GGV 非常注重传承。

如符绩勋所说："GGV 能否基业长青取决于每一代的当家人，我希望在我这一代，GGV 在机制和文化上能保证投资能力的传承。"

在 GGV，合伙人有权推选新的当家人，大家可以自主选出最合适的人领导团队。这种机制在 VC 机构中并不常见。

VC 投的是变化，是趋势。每个投手都要不断去学习迭代，不断去识别变化，不断去理解趋势。一家 VC 机构若想基业长青，不仅需要每个投手能持续地自我更新，也需要这家机构能不断地更迭传承，保持一线投手的实力与公司团队的凝聚力。**GGV 的分工、激励和传承一直鼓励着个体的进步，也一直促进着团队的进步。**

GGV，不只是 VC；希望 GGV 的辉煌，不止 20 年。

纪源资本团队成员

- 纪源资本是深耕全球市场21年的投资基金。成立于2000年，是最早布局中国风险投资市场的机构之一，在上海、北京、硅谷、旧金山、新加坡均设有办公室。旗下目前管理8期美元基金和2期人民币基金，共计约600亿元人民币。纪源资本拥有投资经验丰富的全球管理合伙人团队，以及遍布全球的企业家资源网络。

- 纪源资本具备全球化的视野，专注投资于前沿科技、企业服务、消费互联网三大领域，全阶段布局，覆盖具备快速增长潜力的早期、成长期和中后期项目。

- 纪源资本投资过阿里巴巴、去哪儿、欢聚时代、小鹏汽车、今日头条（Musical. ly)、爱彼迎、Slack等全球500多家公司，其中有92家已成长为独角兽企业。目前共有170多家公司实现完全或部分退出，其中55家公司实现IPO，61家通过并购退出，如去哪儿/携程、优酷/土豆等。

（注：数据截至2021年12月31日）

投资是做选择题，要把最有效的时间

和资本放在最好的项目上

访谈时间：2021 年 10 月

以国际视野审视中国机会，以合理建制凝聚优秀投手

好买：您觉得一家成功的 VC 机构需要具备哪些品质？

符绩勋：一家成功的 VC 机构必须要有优秀的、能判断投资项目质量的合伙人，也就是优秀的投资能力，这是首要的。

很多 VC 机构在从 0 到 1 的成长过程中，肯定有许多成功的投资项目。在战绩和业绩支撑下，再自立门户。**所以一家 VC 机构首先要有能力、有经验，投过好的项目。**

此外，我觉得管理机制、激励机制以及自身的游戏规则对一家 VC 机构来说也非常重要，也就是这家机构如何做决策，如何做绩效考核，如何分配利益。只有在好的机制之下，VC 机构才能持续网罗优秀的投手，把投资人才聚在一起，为这家机构实现投资能力的可持续增长。

好买：您把投资能力放在首位，其中的原因是什么呢？

符绩勋：不同的时代对 VC 团队的要求也在发生变化。VC 投的是创新，投的是变革趋势。这个变革一般是科技驱动的，比如互联网或者移动互联网。

过去 20 年，大量的创新是商业模式的创新。互联网趋势带动了消费行为的变化，催生了许多新的商业机会。从视频到游戏到电商，再到后来的共享经济与短视频等等，都是底层技术推动带来的商业模式创新。

近几年又出现了一个本质的变化，市场正在从一个增量市场变成一个

存量市场，硬科技开始变得越来越重要。对于 VC 机构来说，投资的关键就是理解一些核心技术的变化。

如今我们关注的项目，主要是技术驱动，而不再是模式驱动。假如要研究半导体、企业互联网等领域的标的，就必须懂产品，懂业务流程，懂底层技术。我们的团队也越来越需要这方面的人才来支持对硬科技的分析和投资。

VC 团队的构成随着市场的变化、机会的变化也在发生变化。过去两三年 GGV 开始引进专业人才，团队中新加入了斯坦福大学的材料学博士、布朗大学的电子学博士等技术人才。不同的时代对 VC 团队有不同的要求，市场在变化，我们要与时俱进，要不断去改变自己的投资逻辑和判断方式。

好买：您觉得和其他 VC 机构相比，GGV 最大的特点是什么？

符绩勋：我觉得 GGV 最大的特点是国际化。创立以来，GGV 始终是一个国际化的团队，始终用国际化的视野研究中国本土的投资机遇。当然许多东西并不是照搬国外的套路，而是以一个国际化的成熟框架去思考。

发达国家许多具有共性的案例是可以借鉴的，但与此同时，也要有能力去判断中国本土的情况。

以产业互联网为例。美国的企业结构是典型的枣核形，腰部的中型企业数量非常多；而中国的企业结构却是腰部企业的数量偏少，尾部企业数量较多，长尾效应更加明显。产业互联网的本质是通过互联网改变产业结构，使这个产业更加扁平、高效。美国经过多年的整合并购，产业链条已经非常扁平。而中国的产业链条更加复杂，因此催生了产业互联网领域的机会。

　　我们就是用这种国际化的视野去分析各国市场的不同，总结规律，发现机会。我们最近刚做了一项分析，如果将中国消费互联网公司前十强和美国消费互联网公司前十强做对比，两组企业的总市值相差 3～4 倍，而如果对比中美产业互联网头部企业的市值总和，两者之间的差距约为 20 倍。

　　一直以来中国的人工成本相对较低，所以很多问题都能靠人力得以解决。而近几年中国正在发生变化，人口红利逐渐消退，人才成本不断提高，所以对企业而言，效率变得越来越重要，使用更好的系统、加大软件的投入将是未来的大趋势。**我们相信，随着企业对生产力的要求越来越高，未来会有很多为企业提供服务的软件公司、互联网公司发展起来，这也是中国未来的投资机会之一。**

　　以上只是一个例子，总之更广的国际视野和更多的海外市场分析经验是 GGV 的优势所在。

聚焦最笃定的项目，把握胜率和赔率的平衡点

　　好买： 很多 VC 机构更看重赔率，可能广撒网，希望抓住最大的鱼。而回顾 GGV 过往的投资业绩，不仅赔率高，胜率也很高，失败项目的占比非常低，这是 GGV 与很多 VC 机构的不同，如何做到这一点？如何同时兼顾赔率和胜率？

　　符绩勋： **首先，我一直觉得投资是做选择题，可选择的项目非常多，必须要做取舍**。比如管 100 亿元，可以投 100 个项目，每个项目投 1 亿元，也可以专注于 5 个项目，各投 20 亿元。这是战略性的选择问题。

　　GGV 不是一个靠人海战术取胜的机构，不是靠人力的堆叠去发现和挖

掘海量的项目然后再由投委会做筛选，这不是我们的打法。**GGV 关注的是效率和质量，公司的人员非常精简，分成几个小组，每个小组聚焦于特定的主题和方向，深度挖掘相应的投资机会，做选择和判断，把最有效的时间和资本放在最好的项目上。**这不是钱的问题，而是团队精力和公司资源的问题。我们不可能为所有被投企业提供优质服务，我们关心的是那些最重要的、能把 GGV 这一平台效率最大化的项目。

举个例子，之前有一家被投企业要招聘首席人力资源官，这是我们的重点项目，我们的合伙人全方位地跟踪这个需求，最后快速、有效地帮这家企业找到了所需的人才。**这是一个资源配置问题，我们必须把时间和精力都用在最核心的项目上。**

其次，GGV 是真正意义上的合伙人驱动和主导的决策方式。在这种大逻辑之下，每个合伙人都要做出自己最优的选择，同时也要为自己的选择负责。GGV 的团队机制就是一定程度的合伙人制，合伙人要为自己管理的资金承担责任，利益和相应的业绩挂钩，这样才能将个人能力最大化。

最后，GGV 不仅在投前讨论这个项目，投后还持续研究这个项目。投前我们看到项目的某个场景、某个面貌，而投后这个场景和面貌很可能会改变，置身其中和置身事外是两回事。投资中必须持续性地做判断，评估这个项目好还是不好，进而持续性地做选择。

除了上述提到的战略、流程、合伙人承包制等方面，还有非常重要的一点就是 GGV 非常注重投资的连续性，从投前到投后，对项目给予持续的关注。**GGV 每个季度都会对过往的投资项目进行分析，持续跟进，进而决定加注还是退出。**这得益于我们对项目的聚焦，如果不够聚焦，而是投了很多项目，这种跟踪和回顾很难实现。过去 20 年 GGV 总共就投了 400 多个项目，所以我们能够快速、高效地讨论在投的重点项目。

无论是前期的选择还是后期的选择，都是不断做取舍，把风险降到最低，使利益最大化。从投资战略到团队管理模式，一整套体系使得我们聚焦于特定领域，做最好的选择，发挥每个合伙人最大的投资能力。

好买： 回顾 GGV 曾经投资过的项目，有些项目调研了很长时间，直到有明确的业绩数据时才会去投；而有些项目还处于很早期的阶段，还有很大不确定性的时候就去布局。所以请问，什么样的公司有较大把握时才会出手？什么样的公司很早期的时候就会介入呢？

符绩勋： 我们在做判断的时候，不同的阶段、不同的行业或者不同的赛道，均有不同的考量。

有很多项目从接触到投资，可能会经历好几年的时间。有些项目很早就开始接触，但真的决定投资已是 B 轮或 C 轮了；有些项目在 A 轮时就已和创始人彼此熟稔，但投资的时候是 C 轮或 D 轮。**究其原因，一方面是 GGV 对行业的看法和理解，一些关键问题还未找到答案；另一方面是对人的把握，也还没有完全的确定性。**

人和事需要有一个匹配度，VC 机构要尽量把握好这个问题，寻找最佳的投资时机。举个例子，曾经我们计划投资一家移动出行平台，很早就开始接触这家公司，但迟迟未出手，因为当时这家企业"烧钱"烧得太厉害，我们觉得不确定性太大。直到该企业的估值达到 20 亿美元时我们才决定投资，因为我们笃定会发生并购，对行业格局的变化也有了很大的把握，这时才果断出手。

而我们投资另一家出行平台时出手就很早，估值几千万美元时就决定投资了。**针对某个赛道，只有深入研究，理解了最核心的商业逻辑，我们**

才会去布局。而在这个赛道里我们可能会研究很多家企业，只有核心商业逻辑有说服力的企业，我们才会去投资。

总之，当看不明白的时候，我们会缓一缓，多花些时间去分析和求证，持续性地跟踪；而当在特定的赛道里看明白、想清楚了，就会果断下注，即便是在一个早期投资阶段。此外，**人这个因素也很重要，如果对创始人有一定的把握，我们也敢于投一些比较早期的项目。**

投资一个早期的项目要承担更大的风险，更看重两个前提：第一个是对人的把握，第二个是对趋势的把握。这两个前提中必须有一个成立，我们才可能去投。

好买：当看好一个创业者，但所处行业的趋势还不清晰的时候，会选择投资吗？

符绩勋：假如我们看好这个创业者，即使暂时还看不清楚这个赛道，或者不太清楚所做的业务能发展到什么规模，我们可能依然会投。

一般来说我们看好一个创业者就会持续地跟踪，除非特别不看好这个赛道，这是另外一种情况了。

好买：对于一些早期看不清楚的项目，其实不用担心错过 A 轮或 B 轮，更应该关注它的确定性和性价比。

符绩勋：是的，有时候过早地投资了一个普通的项目是要付出一定代价的，因为可能会错失后来居上的竞品。所以在不是特别确定的时候，不要急于出手。这也是我们一直强调的确信度，就是要有非常强的意愿，对这个项目非常笃定。

VC 这个行业，越早期的项目争议性越大，每个项目在早期的时候都会有很多风险，每个投手都能提出各种各样的问题，而且这些问题没有答案。所以选择早期项目时，必须要对这个创业者有较高的确信度。

人具有一定的成长性，随着时间的推移，会不断地学习和进步。所以我们投早期的项目，一定要对创业者有较高的确信度。

还有一点非常重要，对重点的早期项目进行持续性的跟踪和判断，看对了一个方向就应该持续下注。玩过德州扑克的人都知道，当有胜算的时候，如果不下巨注，是很难把利益最大化的，赢得太少就无法覆盖输掉的钱。

刚才你提到 GGV 的胜率高，其实胜率高也不完全是一件好事，最重要的是要找到一个胜率和赔率的平衡点。对于 VC 机构来说，要承担足够的风险，才能够抓住一些早期的绝佳机会。

早中后期系统性布局，以组合拳直击重点赛道

好买：GGV 在"AI+ 医疗"、消费、芯片半导体等领域，从 0 到 1，非常快速地定位了新的赛道，并且系统性地投资了很多好项目。同时 GGV 是少数既做成长期投资也做早期投资的 VC 机构，而且是先做好了成长期投资，而后拓展到早期投资，这在 VC 机构中是很少见的，是如何做到的呢？

符绩勋：这和我们的打法有关。**GGV 不是一个完全以中后期的逻辑做判断的机构。**那些主投中后期的机构，其实很难改变以往的判断逻辑去投资早期项目。原来主要投资估值两三千万美元的项目，现在突然要投资两三百万美元的项目，风险和不确定性都变大了，各种各样的问题都会出现，很多投手都难以做出思维模式的改变。

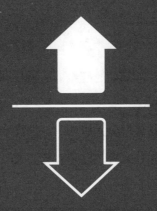

找到一个胜率和赔率的平衡点

而主投早期项目的机构其打法更开阔，更愿意承担风险，投资的项目也会更丰富，这是另一种打法。没有孰对孰错，只是不同的打法而已。

GGV 会围绕一些细分赛道或主题，专注在这个赛道内做布局，可能投资早期项目，也可能投资中后期项目，这是一套组合拳，而不是从单个项目的角度思考问题。

有时我们可能会错过一些后来发展非常好的项目，但我们不执着于已经错过的东西，而是在投资的过程中深入研究这个细分领域，看这个领域到底是什么样的商业模式和逻辑，然后再借鉴海外的经验，反哺我们在中国的投资视角。

所以我们更多还是从具体细分领域切入，投资早期还是中后期项目其实没那么重要，重要的是为什么要选这条赛道。我经常问大家一个问题：为什么今天会有这样的机会？为什么三年前或者五年前没有这样的机会？今天出现这个机会是早了还是晚了？**我们评估一个机会的时候，就是要想清楚它背后的驱动因素是什么。**

比如最近我们研究了很多消费企业，我们就会问自己，有那么多消费公司，一批倒了又起来新的一批，现在这批消费公司有哪些潜力？市场上有哪些变化？我们说消费的"Z 世代"，"Z 世代"代表什么？我们会通过行业的分析、细分赛道的研究，做上下游、早中期的全面判断和布局，整体是一套基于行业逻辑的组合拳。

好买： GGV 看好的细分赛道或者主题，多长时间会有一个更新和迭代？

符绩勋： 一般来说一两个季度就会有迭代。比如近些年电商渠道越来越多元化，商家需要在不同的平台上管理不同的店铺，平衡库存和销量，这是很难的一件事情，需要一套 IT 系统来帮助他，基于这个商业逻辑，我们也开始研究相应的标的。

我们不断挖掘新的主题，当一个趋势来临时，会涌现出一批新型企业，这时就需要去做系统性的选择。我们的合伙人会有明确的分工，每个人专注于特定的主题，GGV 会把其中所有的项目都交给他，让他来做判断。

根据 GGV 的组织制度，合伙人会做出自己的选择，判断哪个赛道、哪个主题是最好的，并决定如何分配有限的时间、人力和资金，做出利益最大化的选择，并为自己的选择负责。

让投手发挥价值、分享价值，让 GGV 不断传承、持续进步

好买：GGV 采用合伙人制，那是如何把业内最优秀的投手凝聚在一起的呢？

符绩勋：我觉得想把大家凝聚在一起，公司的制度一定要允许每个人获得自己的价值。首先，每个人的酬劳要和他的投资回报挂钩，投得越好，获得的就越多，即分配机制要合理。**GGV 内部强调公平、合理，每个合伙人都有权利和资源去投资，当然也要承担相应的责任。投得好，得到的多，而投得不好，也会有相应的惩罚。**

其次，每个人都应该有自己的空间和舞台，有充分的自由去做选择。GGV 不会去做一些强制的约束，只是给大家指引一个大方向，让每个合伙人自己去做选择。**合伙人必须有发自内心的笃定，自己深思熟虑后愿意去承担风险，做出自己的抉择。**

最后，GGV 的企业文化是尊重每个人，不管是投资团队，还是中后台员工，只要在 GGV 的平台上，都会被予以充分的尊重，疑人不用、用人不

疑。当然也会有淘汰机制，不合适的人我们也会让他离开，但一定是有尊严地离开。

好买： GGV 团队有两大特点：第一个是合伙人制，第二个是非常看重传承。刚才您着重介绍了合伙人制，关于传承这一点是怎样思考的呢？

符绩勋： 在美国的 VC 机构中，能真正实现不断传承的其实很少，未来中国可能也会面临类似现象。这是由人与人之间的利益矛盾所导致，很多机构的创始合伙人都觉得公司是自己的，不愿意把公司给别人。

我自己不这么认为。身处 VC 这个行业，需要不断地学习，紧跟时代步伐，因为你投资的是趋势，是变化，必须了解年轻人的消费行为和思想变化，这就对投手提出了很高的要求。我希望将 GGV 打造成一家能不断传承的 VC 机构，拥有与众不同的治理模式与管理模式。

GGV 能否基业长青取决于每一代的当家人，我希望在我这一代，GGV 在机制和文化上能保证投资能力的传承。 每个人的能力是有极限的，我也不例外，总会有个时间点，可能 10 年或者 20 年，学习能力会跟不上 VC 市场的需要，我希望当这个时间点到来的时候，更有能力的人可以接手，让 GGV 能够不断传承下去。

所以在公司治理模式的设计上，我们会考虑传承这方面的问题。我们希望好的机制能保证 GGV 的投资能力可以不断传承下去，好的业绩表现因此也可以持续下去。

未来是硬科技的时代，人才出海带来新的机遇

好买： 在中国做风险投资已经 20 多年，您觉得自己经历了几轮投资

周期？您的投资方式有哪些变化？

符绩勋：回顾下来，我已经经历了好几轮周期。2000 年到中国看项目做投资，那时的中国是还未被 VC 机构发现的新大陆。早年大家并不看好中国的投资机会。中国当时经济体量还不是很大，经济的支柱是制造业投资和出口，消费业没那么发达，所以那个时期 VC 机构对中国市场并不太关注。**这算是我经历的第一个周期，这个时期只有少数人研究中国、投资中国。**

2004—2005 年，腾讯、百度等一批互联网公司上市，中国 VC 市场开始发生变化，进入一个新的时代。中国被发现了，越来越多的 VC 机构开始在中国布局。2000—2004 年，我开始研究中国的项目，但是办公地点在新加坡。**2004 年之后，我觉得必须来中国，置身于这个市场才能发现更多的机会。对我来说这是个新的起点。**

2005—2008 年，这是我迷茫的三年。加入 GGV 以后，发现中国的机会非常多元化，有节能减排方向的，有消费方向的，也有互联网方向的，我不得不研究各个领域的项目，甚至包括物流、调味品等等。**这三年时间里我考察了很多差异巨大、没什么关联的项目。我并不确定自己有什么资源和能力，能在哪些项目上做得更好，所以这三年我有些迷茫，没有找到方向。**

直到 2008 年发生金融风暴，市场开始变天。2008—2009 年，我开始回归互联网领域。有意思的是，在经济不景气的时候，互联网、数据化、信息化会突发崛起。所以 2008 年的时候，我关注的一些互联网企业的业绩开始有起色。我们陆陆续续投资了不少互联网项目，也结识了许多互联网企业的创始人。我发现互联网是另外一个世界，那时这个世界相比许多传统制造业其实还很小，但这个世界在不断壮大。**我见证了互联网行业的崛起，也走出迷茫，找到了自己 VC 投资的立足点。**

2011 年，我坚定地精简和改造团队。在其后 10 年，也就是近 10 年，我们抓住了移动互联网的机会，GGV 进入一个发展的黄金期。这段时期是 GGV 发展最好的阶段，内部问题得到解决，公司制度基本建立，大家进入了一个非常好的状态。

好买： 您说 2011—2020 年是移动互联网的时代，那未来十年呢？您觉得会是怎样的时代？

符绩勋： 其实我前面已提到，接下来会是一个硬科技的时代，是一个 AI、机器人和云服务的时代。未来的十年，很多行业都会被这三个元素改造。比如医疗行业已经出现"AI+ 医疗""机器人+ 医疗"、手术机器人等。AI 和机器人会融入很多行业，包括物流、汽车等。

还有云计算，未来"上云"是必然趋势，"上云"意味着更强的协同。现在大家在工作流上还是以单机为主，未来很多工作可以在"云上"更有效率地协同完成。所以，AI、机器人和云服务这三个元素可能会驱动未来十年的大变化。

好买： VC 投资其实也有周期性特征，像 2020 年到 2021 年上半年 VC 行业热度较高，之后热度又有所下降。在行业的下行周期里，GGV 会有怎样的应对手段呢？

符绩勋： 你感受到 2021 年下半年 VC 行业热度消退，主要是源于政策面的影响。国家提倡共同富裕、平台型经济反垄断、数据安全相关法律等这些都对行业产生一定影响。当政策推出后，一些项目受到影响，投资人就要去分析、去消化相应的问题。

有些短期的放缓是自然的，也是必然的，投资人需要进行相应的调节。GGV 碰到类似问题会把项目组合整体梳理一遍，然后分析每个项目受影响的程度。有些项目受影响的程度很大，我们要坦然面对，研究如何调整后续战略。我们会不断地跟踪和解读政策的变化，观察市场的反应。

好买：GGV 投过的所有项目中，哪个项目令你印象最深刻？

符绩勋：我觉得每个项目各有不同。当年投资小鹏汽车的时候，是我鼓励小鹏创业的，我承诺他只要出来创业，我一定投他。这个项目和其他项目相比让我觉得有些不同吧。

当时我们研究了很多发展无人驾驶技术的公司，首先我们思考的问题是，投资开发无人驾驶技术的传统车企，还是投资一个造车新势力。我们选择了后者，因为仅有技术而没有场景，很难将商业价值最大化。**用新技术赋能传统车企，时间成本过高，所以我们更相信自己造车这个模式。**

其实自己造车也困难重重。我研究了很多项目之后觉得中国将迎来一个时间窗口，在这个时间点，造车的机会是存在的。所以我当时不断鼓励小鹏（小鹏汽车董事长何小鹏）出来创业，我觉得他具备这个条件。首先，他是一个连续创业者，有成功的经验，自带光环，可以吸引到人才。造车这个项目需要多样性的人才来驱动，而小鹏恰好有能力汇聚各路人才。

其次，小鹏既懂产品又懂技术，视技术为第一要务。**智能车的未来不是电动，而是智能。**传统车企也有造电动车的能力，但要涉足智能领域，如智能驾驶、智能座舱等，则需要对智能有深刻的投入和理解。小鹏汽车在这方面优于其他企业，我很信任小鹏汽车在智能技术方面的差异化。

我和小鹏探讨了很多，也很笃定他能成功。推动一个创业者再创业其实不是一件容易的事，因为成功的创业者既不缺声誉也不缺钱，而再次创业则需要拿自己的钱和声誉再冒一次险，所以成功创业者再创业的决策是很难的。在和业内许多专业人士深入探讨后，小鹏决定要造车。而短短几年后，他的公司就上市了。这是我印象比较深刻的一个项目吧。

好买： 未来 GGV 面临的最大挑战是什么？

符绩勋： 我觉得不仅仅是 GGV 要面临的挑战，也是很多 VC 机构都会面临的挑战，那就是宏观地缘政治的影响。中国需要强大的、长期的资本来助力创新。地缘政治因素可能会带来一些短期扰动。

从市场的角度来说，我非常看好中国，一是因为中国市场规模很大，二是因为中国人才基础很强。我认为未来中国还有一个人才出海的机会。过去几年中国许多创业者去中东、东南亚、南美等地创业，未来 5～10 年，因为疫情的催化，发展中国家的数字化在加速，中国的创业者出海是一个很大的机会。所以未来既有挑战也有机会。

符绩勋投资金句
QUOTATION

❶　VC 投的是创新，投的是变革趋势，这个变革一般是科技驱动的。

❷　投资是做选择题，要把最有效的时间和资本放在最好的项目上。

❸　投资一个早期的项目要承担更大的风险，更看重两个前提：第一个是对人的把握，第二个是对趋势的把握。

❹　要承担足够的风险，才能够抓住一些早期的绝佳机会，找到一个胜率和赔率的平衡点。

❺　通过行业的分析、细分赛道的研究，做上下游、早中期的全面判断和布局，整体是一套基于行业逻辑的组合拳。

❻　要做对的事，这可能不是一件让大家都开心的好事，但一定要做对的事。

❼　智能车的未来不是电动，而是智能。

❽　未来十年是一个硬科技的时代，是一个 AI、机器人和云服务的时代，很多行业都会被这三个元素改造。

管华雨是价值投资的拥趸者。从格雷厄姆开创了价值投资流派，到众多投资大家持续丰富完善，长期历史表现证明价值投资之路是行得通的，并且也是大概率可成功复制的。

在他看来，价值投资的方法也要根植时代、与时俱进，深刻体察社会和产业的变化，"躺平"是不可能成功的。

正如保罗·萨缪尔森所说，投资本应该是枯燥的，它不应该是令人兴奋的，投资的过程应该更像是等着漆变干或者观察草木生长。不同于很多私募的彪悍狂野，管华雨扎根于体系化的研究框架，一路稳扎稳打，牛市中敢于出击，熊市中能静心等待。瞄准时代进步的方向，聚焦伫立于发展前沿的龙头企业，最终为投资者呈现稳步增长的业绩曲线。

合远基金　管华雨

根植时代、精选成长的
价值投资者

管华雨
合远基金　总经理

- 复旦大学金融学博士，特许金融分析师（CFA）会员资格，中国注册会计师资格。

- 20 年证券行业从业经验，15 年基金经理从业经验。

- 2002 年 7 月，加入申银万国证券，担任证券投资部研究员、投资策划部负责人；2005 年 11 月，加入信诚基金，历任投资部研究员、基金经理；2010 年 6 月，加入交银施罗德基金，历任投资部基金经理、权益投资总监；2015 年 6 月，加入彤源投资，担任执行董事、总经理、基金经理。

- 公募任职期间多次荣获金牛奖、股票型明星基金奖、晨星中国基金奖；私募任职期间荣获金牛奖、英华奖、金阳光奖、金长江奖等多项荣誉。

天下武功，林林总总。从好买顶级私募访谈录开创至今，我们已拜访了数十位私募基金经理。其中，有的擅长自上而下，宏观分析跟踪市场趋势；有的偏爱自下而上，专注行业研究捕捉成长个股；有的择时与择股兼备，在市场的变化中灵活应对。管华雨，则是集宏观视野、中观行业比较和微观公司研究于一身的基金经理代表。

管华雨专注投研，在过去 20 年的从业经历中极少接受采访，对外也鲜有观点发声。在好买正式访谈前，他针对谈话问题提前准备了详尽的答案，也把自己投资历程中的所感所悟整理成了文字材料，真诚且细致。

业精于勤，行成于思，基金投资亦是如此。

2002 年，从复旦大学毕业后，管华雨就加入了申银万国证券投资部，始于研究员而后又担任投资策划部负责人。

2005—2015 年，管华雨先后在信诚基金担任基金经理，交银施罗德基金担任基金经理、权益投资总监兼任研究总监。无论是在 2008 年的熊市，还是在 2010 年离职前的结构性行情中，他管理的信诚四季红基金均明显跑赢同业。在交银施罗德基金期间，他管理的交银成长基金也取得了优异的业绩。公募期间管华雨不断扩大行业覆盖面，深度研究企业，强化行业比较能力，与时俱进地寻找投资机会。

2015 年，在权益市场投资火热的背景下，公募基金经理转投私募浪潮再起。也正是这一年，管华雨选择公奔私加入彤源投资。其间他管理的代表产品在 2018 年熊市跑赢市场，在 2017 年、2019 年和 2020 年火热牛市中收益亮眼，即使在市场行情高度分化的 2016 年、2021 年也都取得了不错的收益。

生命不息，奋斗不止。无论是公募时期遭遇的排名压力、熊市波动，还是私募时期经历的考验，管华雨都选择突破自身局限，求真务实，持续学习不断成长。

面对未来的私募之路，作为合远基金的掌门人，管华雨早已做好准备。在资产管理行业蓬勃发展的大时代，他希望搭建一个长久、纯粹的投资和学习平台，持续创造价值，追求与客户、员工、合作伙伴的成长共享。

公募到私募：投研"全能王"

奥运会体操项目中有项个人全能比赛，也被称为"体操全能王"，例如男子全能集合了鞍马、吊环、自由体操等多个单项，想必大家都不陌生。参加单项比赛的选手必定在单项技能上力压群雄，有明显的优势；而参加全能比赛的选手必定是样样精通，全方位发展。

假如把基金投资看作一个运动类别，那么在这个大类中，买方或卖方的研究员有着深入跟踪调研行业及个股基本面的经验；公募或私募基金经理擅长将研究成果落实到投资实践，对市场有着深刻见解；而研究总监则参与公司投研体系的管理与搭建，领导研究团队持续挖掘个股，升级策略。在这个赛场上，管华雨从研究员到基金经理、权益投资总监，再兼任研究总监，接触了投资研究领域的方方面面，结合自己严谨的工作作风，成为集研究、投资、团队建设能力于一体的"全能王"。

首先从投资的底层逻辑上看，管华雨是一个价值投资的拥趸者。在他看来，从格雷厄姆开创了价值投资流派，到众多投资大家持续丰富完善，代表性人物的长期历史业绩证明价值投资之路是行得通的，并且也是大概率可成功复制的。

　　在投资过程中，他采用了"自上而下"与"自下而上"相结合的方式。"自上而下"源于金融学专业学习过程中的深度思考，以及对经济和社会发展趋势的体察；"自下而上"则源于实践中积累的扎实功底与丰富经验，以及对行业和公司的持续跟踪和深度分析研究。一方面，通过体察经济社会的发展变化，与时俱进，不断拓展和加深对长期成长性行业的理解；另一方面，深度调研企业，并随产业景气度和公司经营变化做好行业和公司比较，优中选优。

　　其次从投研管理及建设上看，公募时期，管华雨就构建并完善了投研体系，认识到团队合作的重要性，在交银施罗德期间非常重视对投研人员的培养。转战私募后，他参照公募基金的研究管理体系，完善了包括晨会、周会、季度策略会、重点行业和公司讨论会、投研聚餐和头脑风暴等在内的一系列学习交流制度，建立起高效平等的学习型组织。而除了搭建体系化的投研框架，他还强调组织需要更加扁平化、更加尊重专业，团队持续学习、紧密支持与合作，力争形成一个高效的战斗队伍。

　　多面的角色与经验是否止步于此？

　　在管华雨看来，投研就是不断进步、不断补短板的过程。如何把握不同时期的投资主线？如何提升对行业的认知，把握各个重要子行业的关键变量？如何高效、准确地做好行业比较？如何像经营者一样思考和理解企业行为？如何平衡组合的收益和风险？从信诚基金到交银施罗德基金，从彤源投资到创办私募合远基金，每一次都是为了探索与提升。

　　经过公募与私募的历练，管华雨形成了自己特有的投资框架：坚持价值投资理念，与时俱进地选择优势行业，质在价先选择优质企业。

登高而招：与时俱进做研判

　　管华雨注重对市场转折性变化的感知与理解。**登高而招，臂非加长也，而见者远；顺风而呼，声非加疾也，而闻者彰。自上而下的重要性就体现于此。**长期来看中国经济波动不小，A 股市场散户占比依旧较高，整体羊群效应明显，市场做空工具也相对缺乏，所以上市公司基本面的变化和市场估值的波动往往会比较大。如果碰上宏观经济或者市场的大转折而不作任何应对，净值有可能出现较大回撤，进而影响组合风险调整后的收益率，也会造成投资者持有体验不佳，追涨杀跌，最终影响客户的长期回报。

　　回顾投资生涯中的几个波动时期，不难看出管华雨的言行一致。

　　首先是熊市之下的 2008 年。经历了 2006—2007 年两年大牛市后，整体市场估值水平处于高位，CPI 持续上涨超过 6%，市场情绪不断高涨。市场在创出 6000 点新高后，出现了一次明显波动，管华雨判断市场大概率已处在高风险区域。所以在 2008 年初市场再次波动时，管华雨所管理的信诚四季红基金及时降仓，大比例减持金融和其他强周期股票，在随后的市场下跌中跌幅明显小于市场。

　　其次是政策先紧后松的 2011—2013 年。进入交银施罗德基金后，管华雨敏锐地察觉到宏观经济和政策的变化。2011 年避开了前两年涨幅比较好的强周期甚至后周期板块，极大地规避了板块风险，减少了损失。而从 2012 年起，政策重新进入宽松轨道，其中重要抓手是房地产政策的放松，管华雨所管理的交银成长基金也因此在房地产产业做了提前布局。根据好买基金研究中心的数据，2011 年与 2012 年，管华雨所管理的代表产品业绩均排在市场同类前 10%。

最后是疫情考验下的 2020 年。经历去杠杆后，2018 年底起政策转向，经济持续复苏。2020 年初新冠肺炎疫情暴发，春节后 A 股千股跌停，市场恐慌再现。因此当时必须判断市场是否存在系统性风险、要不要大幅降仓。到了 3 月疫情最悲观的时候，指数回到 2700 点左右的低位。经过慎重考量，管华雨认为机会大于风险，因此依旧保持了较高的权益仓位，同时加大调仓力度，增配受疫情冲击较小的行业，全年取得了亮眼的收益。

"不做小的波段，但需要针对大的转折点做择时操作。"在管华雨看来，做对择时不是一件容易的事，特别是短时间小幅度的波动更难把握，如果操作的成功率不超过 60%，反而是成本大于收益，徒劳无益。对于市场的转折性变化，需要全面客观地分析宏观经济的发展方向、国家政策的变化趋势、市场的估值水平和投资者的情绪，根据大转折点的判断做出相应的择时操作。

长期来看，公募、私募期间良好均衡的业绩表现，都离不开对宏观大趋势的前瞻性研判和及时应对。很多时候，看似顺理成章的每一步，背后都需要大量的宏观分析、政策关注和估值把握，并要求对市场行情变化有较强的适应能力。

乔治·索罗斯曾说："身在市场，就得准备忍受痛苦。"对于管华雨而言，**一些痛苦的点，或许就是一个转折，又或是一个契机，需要去感受，也需要去挖掘。**

立身之本：个股跟踪，质在价先

"组合是由一只只股票构成，自下而上去研究公司，把握企业才是立身之本。"在管华雨看来，长期的超额收益归根结底要靠个股的阿尔法来实现。

根据管华雨历史操作的归因分析，超额收益小部分源于资产择时和行业选择，大部分来自个股选择。那么他究竟是怎样选择个股的？

在个股调研上，拜访上市公司、直面公司管理者是管华雨一直以来的习惯。从在申万自营部担任研究员开始，他就一直奔跑在调研的路上。探察行业的竞争格局，研究企业的盈利模式，分析企业在上下游的议价能力，深入了解企业的治理结构和管理层的经营能力及胸怀气度，从而提炼出企业的核心竞争力和发展变化的关键要点，这是他最乐在其中的事情。

在选择标准上，管华雨有着明确的原则。首先在中长期成长性的行业中寻找具备长期核心竞争力的龙头公司；其次公司在商业模式上不能存在明显瑕疵。另外，他强调"质在价先"，宁愿以一个合适甚至稍高的估值买入优质的成长企业，也不会贪便宜去买二三流的企业。当然，管华雨对估值区间也有明确的把握和容忍度，如果市值已经透支了未来好几年的成长性，可能也会暂时观望等待更合适的机会。

尽管市场一直在变，但管华雨认为，A股市场一直遵循着寻找景气最优方向的模式。经济发展的不同阶段，公司或行业会有不一样的景气趋势。在经济回升期，和宏观经济相关性较高的行业受益，其中的代表性公司景气复苏最为明显，所以经常会呈现大盘占优的风格。而到了复苏中后期，由于复苏时间足够长，景气就会外溢，并拉动上下游的产业链，这时中小市值公司经常会表现出巨大的盈利弹性。另外，在产业集中阶段，通常龙头大市值公司景气占优；在产业升级阶段，中小市值公司往往基本面张力更强。表面上看，是大小盘风格切换；究其本质，其实是市场对景气相对优势的反映。

正如保罗·萨缪尔森所说，投资本应该是枯燥的，它不应该是令人兴奋的，投资的过程应该更像是等着漆变干或者观察草木生长。不同于很多私募的彪悍狂野，管华雨扎根于体系化的研究框架，一路稳扎稳打，牛市中敢于出击，熊市中能静心等待。瞄准时代进步的方向，聚焦伫立于发展前沿的龙头企业，最终为投资者呈现稳步增长的业绩曲线。

合远基金
UNITED ADVANCE

- 上海合远私募基金管理有限公司成立于 2022 年 3 月，核心团队成员具有多年公募基金、私募基金管理经验，历经多个牛熊周期，从业经历丰富且长期业绩优异。公司骨干来自公募基金、私募基金、券商、律师事务所等专业机构。

- 合远倡导"成长与共享"的公司文化、求真务实的工作态度，希望能长久、纯粹地从事资产管理事业，为持有人持续创造价值，把公司打造成一家值得长期托付的精品资产管理公司。

- 合远践行价值投资，秉承"根植时代，精选成长"的投资理念，寻找各阶段伫立于时代潮头的优质龙头企业。

做投资，"躺平"是不可能成功的

访谈时间：2021 年 12 月

投资的天时、地利、人和

好买： 2002 年您从复旦大学毕业后加入了申万证券，随后又攻读了博士，在科研之路与做投资研究之间，是如何做的抉择？

管华雨： 我大学读的是金融专业，毕业后通常的去向是证券、保险、银行等行业。研究生二年级时我在国泰君安投行部实习了一段时间，接触了很多相关知识，感觉证券行业对专业能力要求高、挑战多，在发挥主观能动性上有着较大空间，而留在学校做科研可能空间会局限一些。因此 2002 年 7 月毕业后就加入了申万证券投资部，后来在工作期间攻读了博士学位。

从外部环境看，1999—2001 年 A 股的牛市行情大大提升了券商的实力和职业吸引力。另外 2001 年证监会批准发行中国第一只开放型基金华安创新，证券投资基金进入新的发展阶段，那几年很多人加入证券基金行业。

好买： 在最初接触投资的那几年，最大的感受是什么？

管华雨： 坦率地说，刚进入证券行业那几年最大的感受是艰辛。2001 年下半年起 A 股进入熊市，一直持续到 2005 年上半年。虽然有 2003—2004 年的"五朵金花"，但市场整体资金面偏紧，行情低迷。从业人员日子不好过，不少同行纷纷离职。

但在这样的环境下我反而打下了坚实的投研基础。2002—2005 年价值投资模式逐渐压倒坐庄模式，在 A 股崭露头角。申万投资部在业内较早采取了公募的研究驱动、行业分工、跟踪企业基本面、组合投资的模式。我在负责研究个股的同时，也需要直接负责所推荐个股的操作。投研一体化的方式让我迅速成长，2005 年开始担任投资策划部经理。

好买：是什么样的契机促使您开启公募投资生涯？

管华雨：进入 2005 年，行业发展出现了两个明显的趋势。

第一个，基金行业蓬勃发展，从全世界其他国家的发展历程看，随着专业理财的理念逐渐深入人心，基金成为投资市场的主角，并且占比越来越大。

第二个，经历了 2002—2005 年的市场低迷，一些证券公司在自营、资管上有巨大的头寸暴露，带来了较大的经营风险，有几家大型券商因此倒闭或者被接管。因此不少券商开始控制高风险高波动的自营业务，发展低风险业务。基于此，我认为资产管理行业的发展中基金行业可能更具优势，也是发展的主力，所以我在 2005 年选择加入信诚基金，重新以研究员的身份出发。

好买：2007 年正式开始管理信诚基金，一开始如何选择股票，以及如何构建组合思路？您觉得从这段经历中学到了什么？

管华雨：2007 年 5 月，我开始管理信诚四季红基金。从研究员到基金经理，前后历经了 5 年时间，覆盖的行业比较多，在申银万国时期也积累了一些投研经验，总的来说上手还是比较顺利的。

在行业方面，申万时候覆盖过金融、机械、商业三个子行业，信诚时期又增加了电力、电力设备、交通运输、公用事业等当时比较热门的行业，行业覆盖面有所扩大。

　　在组合构建方面，采用"自上而下"与"自下而上"相结合的方式。"自上而下"源于金融学专业学习过程中的深度思考，以及对经济和社会发展趋势的体察；"自下而上"则源于实践中积累的扎实功底与丰富经验，以及对行业和公司的差异化分析和持续跟踪研究。

　　信诚基金团队协作氛围良好，整体战斗力强，大家相互支持，集体的智慧与力量最终也体现在基金的业绩上。加上良好的行业发展助力，不到一年基金规模就翻了一番。

　　在信诚基金工作期间，我进一步强化了自下而上的研究功底。当时招我进信诚基金的是原来易方达基金的研究主管吕宜振，也是他把易方达自下而上的深度研究体系带到了信诚。当时我们的工作节奏是一个月出差2~3周，然后1~2周做案头准备，写深度报告，汇报讨论，整体充实而高效。

　　除了专业能力得到提升，在此期间我还深刻体会到团队协作的重要性。信诚的投研团队非常融洽，大家一起调研，一起开会讨论，既有研究员之间的相互启发和支持，也有与研究总监、基金经理的紧密互动和交流，大家成长都很快速。信诚基金早期的投研同事，包括张锋、王少成、崔红建、胡喆、盖婷婷、刘浩等现在也都是所在公司的骨干中坚。

　　好买： 在2008年的熊市，您所管理的基金回撤控制得相对较好，业绩在同类排名中也比较靠前，这是怎么做到的？

　　管华雨： 2008年是大熊市，从相对收益的角度来看信诚四季红当年表现还可以，与同业相比有比较明显的优势。纵观那个时期的市场，我觉得主要可以从**对宏观的分析、对行业和企业的中微观跟踪与判断，以及及时果断的操作**这三个方面来回顾探讨。

2007 年中，宏观经济发展如火如荼的同时，通货膨胀压力逐渐显现，四季度 CPI 涨幅提升至 6% 以上，利率上行的速度明显赶不上通胀上行的速度。当时上市公司中还是以顺周期的传统行业居多，大部分龙头企业的盈利强劲增长，投资者信心爆棚，市场的估值水平也大大提升。

2007 年底，随着经济不断增长，我们注意到以农产品、石油、化工为代表的部分商品价格明显上升，这种情形通常发生在宏观经济繁荣的中后期，高增长伴随着快速走高的通胀，往往是滞胀的前奏。CPI 不断上涨，估值水平处于高位，同时一些和宏观经济较同步的行业和企业景气开始放缓，我逐渐感觉市场可能有较大的潜在风险。但是市场情绪依旧高涨，上市公司的业绩也还在惯性高速增长，没有人能断定转折点何时到来。

2008 年初，随着部分商品价格继续暴涨，CPI 超过 7%，市场在 6000 点之后出现了明显的波动。结合一些行业和企业中微观状况，我认为市场已处于高风险区域。所以在年初的时候，我大幅降低了基金的股票仓位，减持了过去两年来市场追捧且涨幅较大的金融和其他强周期股票，增持了宏观后周期品种。在随后的市场下跌中，信诚四季红跌幅明显小于同业。

2008 年处于全球宏观经济大拐点，之后上证综指在跌到 3000 点后出现反弹，根据对宏观的判断和中微观景气度的验证，我们没有提高仓位参与反弹。得益于对转折点的把握以及及时果断的操作，我们顺利渡过这个熊市。

好买：从研究员到基金经理，对投资的理解和认知有变化吗?

管华雨：第一，**从研究员到基金经理，视野不断拓宽**。从看单个行业到看若干个行业，再到看整个市场，逐渐养成了观察社会发展大趋势的眼光，从行业比较的角度去考虑如何战略性地分配自己的时间和精力。

第二，对企业经营和股票表现的关系有了更深刻的认识。 做研究员时，只要研究好自己覆盖行业的重点公司，公司质地好、存在市值扩张空间就可以考虑推荐。而基金经理做决策，备选的行业和企业很多，同时要讲求资金使用效率，因此需要对企业市值发展的时间跨度甚至路径做一定的判断，对投资时机的把握明显有更高要求，最终帮投资者赚到钱。

第三，在投研协作中，基金经理的责任更大。 一是要关注的行业和企业范围明显扩大，必须持续提高尽快抓住核心要点的能力；二是要加强研究员在研究方向、研究要点上的互动，一起滋养成长。

好买： 在管理基金的道路上，有没有遇到过所谓的低谷期？

管华雨： 2009 年于我而言是"挫折之年"，也是促进我学习提升的"反思之年"。

2008 年金融危机过后，市场对于国家出台的经济救助政策存在一定的分歧，而我当时固执地认为过大的刺激政策会留下明显的后遗症，因此始终抱着怀疑态度，投资思路也未及时从危机状态中转变过来，在 2009 年上半年的市场上扬中大幅跑输指数和竞争对手。到了 7—8 月，由于半年来操作始终不顺，逐渐有点缩手缩脚，买股票都是 0.5% ~ 1% 的比重，即使买对了股票也收效甚微。当时投资总监黄小坚对我说了一句话，**"做投资，失去尝试的勇气必败无疑"**，使我茅塞顿开。9 月，我全面复盘经济和政策，体会到"4 万亿"政策对经济起到了极大的拉动作用，微观和中观数据全面印证危机已经过去，强劲复苏扑面而来。理顺政策线索和经济、市场变化后，四季度起我逐渐找到了后危机时代的主线，操作上提高基金仓位，大力增持后周期行业，组合逐渐走入正轨。2009 年第四季度我管理的基金业绩处于同类基金前列，并且由于思路的转变在 2010 年上半年打了一个翻身仗。只可惜 2009 年上半年落后太多，即便有第四季度的良好表现，当年基金业绩也没有达到中位数。

好买：可以说 2009 年相当于一次沉淀，而后选择改变工作环境加入交银施罗德是出于怎样的考虑？

管华雨：经历了 2009 年的挫折，我也开始思考，除了把握宏观经济的变化和公司研究，该如何去扩大和提升对中观行业的认知？当时 A 股市场中申万一级子行业有二十几个，还有很多不太熟悉的行业，它们的关键变量在什么地方？在不同的宏观背景下对其如何分析和取舍？

我意识到自己在这方面有明显的短板，需要去补足。而交银施罗德基金正好是以自上而下的宏观分析见长，并且在中观行业的覆盖面和行业比较上有着非常深厚的积淀。因此，在 2010 年收到交银的加入邀请时，我觉得这是一个难得的成长提升的机会，因而欣然加盟。

好买：交银施罗德时期的投资经历带给您的最大收获是什么？

管华雨：进入交银后，经历了 2010 年经济高速增长，政策收缩，到 2011 年经济下行；随后政策重新放松托底，2012 年经济缓慢复苏。虽然时间不长，但也是一个比较完整的收缩放松周期。

在交银施罗德，首先是其自上而下的积淀帮助我敏锐地察觉到了宏观与政策的变化。2011 年我们避开了前两年涨幅比较好的强周期甚至后周期的板块，较好规避了板块风险。2012 年起，我们发觉政策重新进入宽松轨道，其中非常重要的一点是对房地产政策的放松，所以当时就对房地产产业做了提前布局。

其次是交银施罗德全面的行业覆盖和强大的研究员实力给我提供了支持。2011—2012 年，我们在水泥、安防领域做了比较成功的投资。另外，我长期跟踪和研究的白酒行业在 2010—2012 年上半年贡献了明显的收益。到 2012 年中期，我较早发现了行业景气度转折的迹象，在塑化剂事件爆发之前大幅减仓，保住了盈利成果。

可以说，这段不错的投资历程，**是天时、地利、人和共同作用的结果。**

跟踪景气度，做好行业比较

好买： 2015 年为什么选择奔私，加入彤源？

管华雨： 选择去私募，主要是有几个方面的考虑。

一方面，从 2011 年底开始，我就管理着整个权益投资部门，2014 年交银研究总监创业，我又兼管了研究部门，两个部门的同事最多的时候接近40 位。除了管理基金以外，其他事务性工作也越来越多。很坦率地说，我对纯管理的工作兴趣不大，还是喜欢奔跑在投研一线，享受调研企业、做研究分析的乐趣。因此当时就萌生了改变的想法。

另一方面，2014 年国家提倡大众创业、万众创新，公募出现过一波奔私潮。2015 年，正值我在公募基金 10 周年，一直做着相对收益组合的我，也想尝试一下新的投资模式。

在这些想法的共同推动下，在充分做好交接工作以后，2015 年 6 月进入私募行业，加入彤源。

好买： 私募阶段，您认为自己是一个怎样的投资选手？

管华雨： 我认为自己可能是一个"根植时代，精选成长的价值投资者"吧。

　　首先从投资的底层逻辑上看，我是一个价值投资的拥趸者。格雷厄姆开创价值投资流派已经接近 100 年，后续众多投资大家持续丰富完善，代表性人物的长期历史业绩证明价值投资之路是行得通的，并且也是大概率可成功复制的。

　　在个股选择过程中，我主要观察行业的盈利模式、市场的竞争格局、公司的治理结构，从而提炼和分析企业的核心竞争力，最后再考虑价格，基本不考虑筹码博弈。价值投资的理念是靠企业的价值创造，以实实在在的利润支撑市值增长去获利。在企业成长壮大的过程中，所有的参与者都能获利，一方赚钱并不以对手方亏钱为代价。价值投资是一个双赢的思路，与做人做事追求多赢的理念不谋而合。

　　其次，何为根植时代？我认为投资组合的构建要和经济发展所处阶段以及时代发展特征相吻合。根植时代体现在两个方面：一是在价值投资的大框架下，到底是选择深度价值企业还是成长性企业。中国经济体量较大，增速较快，成长性行业和股票的投资机会比较丰富。在目前阶段，以合理的价格买入成长性企业，可能会比以深度价值的方法做投资更容易获得好的收益。

　　二是中国经济的增长速度较快，导致产业兴衰、社会面貌等变化也快。能够找到未来 3~5 年价值创造最快、质量最好的企业，对组合创造收益肯定是非常有优势的。更何况一些明星企业可能只是流星而非恒星，因此**既要遵循价值投资的方法，也要根植时代、与时俱进，深刻体察社会和产业的变化，"躺平"是不可能成功的。**

　　最后，精选起到什么作用？资本市场发展至今，大家对哪些行业具备长期成长潜力分歧并不大，但是各个行业，特别是众多细分行业的景气状况，都会受到外部环境关系、渗透率提升速度以及供给结构变化等因素的影响，从而呈现一定的波动性，此起彼伏是常态。如果进一步细分到企业层面，不同企业因为理念、战略以及能力的差异，在几轮行业景气波动后，经营情况可能出现天壤之别。资本市场给予不同景气阶段的子行业以及不同核心竞争力的企业估值时，也会有极大的伸缩性。

精选成长，首先是通过前瞻分析和行业比较找准未来一个阶段的优势景气子行业，充分借助行业上升的推力。其次是甄别出未来的优质龙头企业，合理把握其估值准绳，通过陪伴企业快速且高质量的价值创造过程，分享市值扩张成果。要做到这一点，需要投资者具有广泛的行业覆盖面和行业比较能力，能准确把握企业的竞争优势，并深刻理解市场的估值逻辑。

好买： 在选股方法与策略上，与其他私募有什么不同之处？您觉得自己的优势在哪？

管华雨： 价值投资理论诞生至今已接近百年，不少投资大师对此进行了不断的升级完善，现在已经是一门显学。遵循价值投资方法的私募，在基本策略上大同小异，差别在于每个环节上能否都做到位，并且持之以恒。**如果说有什么不同之处，我们侧重于成长和估值的匹配，同时注重与时俱进，不断进化。**

我们团队的优势体现在以下几个方面：一是从业经验比较丰富，看过的行业比较多，视野开阔、心态开放，愿意学习和研究新事物新现象；二是注重深度调研，腿脚比较勤快，能够获得比较多的一线信息。

在不断调研、思考和总结的基础上，我们的投研团队逐渐形成了以经营者的眼光来分析企业的视角。公司所在行业的发展趋势如何？企业如何顺应产业发展规律制定战略？战略如何落地执行？企业的资源、机制能提供多大支持？如果战略存在偏差或者不能有效执行，原因是什么？主要障碍在何处，能否解决以及如何解决？**像经营者一样思考，使得我们能够更深刻地理解产业发展规律、公司行为和核心竞争力，从而更好地把握公司发展前景和风险因素。**

好买： 2020 年在新冠肺炎疫情引起的巨大波动下，您在彤源管理的系列产品业绩表现优异，是进行了哪些操作与布局？

管华雨： 经历了 2018 年的去杠杆，2019 年起经济进入持续复苏通道，我们保持高仓位进入 2020 年。紧接着新冠肺炎疫情暴发，春节后 A 股市场千股跌停，当时需要判断疫情的影响到底有多大、市场是不是存在系统性风险，以及要不要在第一时间大幅降仓。

我当时基于两个角度去考虑。

第一个，初步判断疫情风险。 科学分析新冠肺炎疫情，了解相关的权威观点。中国采取了非常强有力的管控措施，在短时间内调动了大量社会资源，民众也非常配合，我对管理层的政策和执行力很有信心，对战胜疫情有坚定的信念。

第二个，短期风波后放水的举措或非常快。 吸取 2008 年全球金融危机的教训，无论是中国还是美联储、欧央行，反应都非常快，放水的速度和总量史无前例，可以说是"猛药去疴"。我当时的判断是即便经济短期会面临冲击，但股票市场作为容纳流动性的重要场所之一，市场的反弹和恢复很有可能会走在经济复苏的前面。

在 3 月疫情最悲观的时候，指数又到了 2700 点左右的低位。综合考虑之下，我觉得机会大于风险。所以我们一方面依旧保持了一个比较高的仓位；另一方面从行业和公司的景气度出发增持了基本面相对稳定、受疫情冲击较小的行业，也配置了部分在流动性催化下估值最容易抬升的板块和股票，全年取得了比较明显的超额收益。

2020年第三季度，经济进入快速复苏期，这时我们对估值水平较低的周期成长龙头企业加大了投资，组合在第四季度继续表现良好。综合来看，首先疫情之下资产配置策略没有动摇；其次在后疫情时代，整个团队在行业和个股选择上做了卓有成效的工作，最终促成了组合的优异表现。

好买：　近两年来，市场风格切换频繁，您在行业选择方面有什么经验？

管华雨：市场风格切换经常显现。2021年中证500、中证1000涨幅比较大，而其他大市值宽基指数表现一般，从大小指数的表现差异来看市场风格确实有变化。但如果深入看切换原因，其实**A股市场追逐景气最优行业的基本模式一直都没变。**

风格切换反映的是在经济、产业发展的不同阶段，公司或行业有着不一样的景气优势。在经济回升阶段，和宏观经济相关性较高的行业景气复苏最为明显，其中的代表性企业最为受益，因此经常呈现大盘占优的风格。而进入复苏的中后期，宏观景气经常会外溢和扩散，并拉动上下游的产业链，中小市值企业经常会表现出巨大的盈利弹性。另外，在产业集中阶段，通常龙头大市值企业景气占优；在产业升级阶段，中小市值企业的基本面张力往往更强。这些表现的差异在归因过程中会被归类为风格，但归根结底还是源于相关行业的景气度变化。

当然影响风格的还有利率的变化、投资者风险偏好的变化等等，相当复杂。**从A股多年的运行情况看，整体还是遵循寻找景气最优方向的模式，**

只是市场有时候会看得比较短，表现得比较极端，但基本范式一直没有太大变化。

总的来说，我们的总体策略是深耕长期有成长性的优势行业。在组合管理中，则是从众多的成长性行业中挑选未来 1~2 年有景气优势的子行业，再落实到其中具有核心竞争力的优质龙头企业，通过持续的跟踪和比较来构建和优化投资组合。

好买： 当与市场风口相背离时，会坚持自己的投资策略，还是偏向市场做调整？

管华雨： 我们深耕成长性行业，投资优势景气子行业中的龙头公司，并没有偏离市场寻找景气行业的大方向。市场大部分时候很有效，如果组合与市场的风口发生偏离，问题多半出在我们自己身上。我们会仔细审视宏观把握、行业比较和公司选择等各个方面，看是否存在认知偏差，从而进行修正。在市场面前我们就是小学生，要充分尊重市场，尊重竞争对手，才有可能避免大的失误。

当然，短期市场会存在明显非理性的状况，阶段性会有投机风味浓重、主题横行的时候，也会有极度悲观的情形。如果认真分析后发现市场处于这种非正常状态，我们就要冷静下来，和市场保持适当的距离。

好买： 前面您提到会选择一些景气度比较高的行业或者赛道，最终投资落地还是要涉及个股选择，能否谈谈具体策略？

管华雨： 最根本的还是"自上而下"和"自下而上"相结合。但这里的"自上而下"可能与市场中根据一些宏观高频数据的变化去做行业轮动的策略不太一样，更多的是从人口结构、社会发展的特征，以及时代变迁、行业兴衰等更底层的变化去考虑。维度会更高，时间也会更长。

除非宏观经济发生很大的转折或变化，一些小的波动可以在投资过程中加以过滤。在时间和资源的分配上，自上而下的判断可能仅占10%，因为宏观判断不需要经常去做，大的方向定了以后，自然会产生比较强的惯性。宏观判断有助于加深我们对中观行业机会和风险的理解。

剩下90%的时间和资源都用来进行行业比较和公司研究。其中一小部分时间放在行业比较上，大部分时间还是落实在一家家具体的公司上，因为最终的组合是由一个个股票构成的。**自下而上去研究公司，把握企业的核心竞争力和发展前景是我们的立身之本。**

好买：选择公司的具体标准是什么？

管华雨：我的选择标准很明确。

第一，公司要处于长期成长性行业。夕阳行业中虽然也有"沙漠之花"，但是寻找起来往往事倍功半。

第二，商业模式不存在明显瑕疵。例如收入、利润的增长靠应收账款堆砌而来，未来存在一定风险；或者下游只有一两个客户，非常强势。这样的公司即便有几年的高成长期，我们也会非常谨慎地考虑其经营属性和投资价值。

第三，未来1～2年景气度相对较好。顺势而为比较重要，如果投资一家处于短期景气度顶峰，未来1～2年走下坡路的公司，结果大概率也不会很好。

第四，公司必须是龙头企业且治理结构优良，管理层要有比较出众的格局和能力，有可追溯可证明的历史经营记录。另外我们对管理层的诚信有一定的"洁癖"，诚信存在重大瑕疵的公司一票否决。

我们的原则是"质在价先"，宁愿以一个合适甚至稍高的估值买入优质的成长企业，也不会贪便宜去买二三流的企业。当然，我们对估值区间也有一定的把握和容忍度，如果市值已经透支了未来好几年的成长性，可能也会暂时观望等待更合适的机会。

根植时代、精选成长的价值投资者

好买： 您觉得现在做投资与十几年前做投资，最大的区别在哪？

管华雨： 第一，现在 A 股上市公司数量快速增加，科创板允许未盈利企业上市，A 股市场的行业覆盖面非常广，传统产业、新兴产业精彩纷呈，处于初创和早期阶段的企业也可以成为投资标的，对投资人的知识储备、学习能力提出了极高的要求。

第二，在移动互联网时代，信息量尤为丰富且传递速度非常快，加上不断规范的监管环境，靠信息优势做投资越来越困难，比拼的是信息解读能力和前瞻布局能力，这要求更加强大的深度分析和思考能力。

第三，年轻人学习能力强，应用工具丰富，学习曲线大大缩短。一些以前我们需要很长时间才能明白的道理，他们找到相关信息，运用合适的工具，可以在较短时间内大致掌握。我们要保持开放的心态，重视年轻人，注重团队协作，建立扁平、高效的持续学习型组织。

好买： 投资中，如何平衡长期的机会与短期的风险？

管华雨： **长期来看，长线机会的把握更为重要，净值波动并不是最可怕的，关键是净值能否较快创出新高。**

我们会把主要资源和精力放在长期有机会的领域，持续积累投研优势。为了实现更优的风险调整后收益率水平，我们也会考虑短期风险，规避过大的净值波动，这也是提升持有人的体验，能够让他们实实在在赚到钱的重要方法。

我们主要努力做到以下几点：一是密切跟踪行业和公司，避免对经营上已经出现的变化和风险后知后觉，遭受大的行业或个股下跌风险；二是合理把握估值区间，在市场极端情绪下做适当的逆向操作，不为过度的高价买单，也避免在地板价砍仓；三是如果组合净值出现大波动，我们要高度重视，并且有相应的操作纪律。

好买： 当前全球经济格局错综复杂，怎么看待未来的市场机会？

管华雨： 由于全球经济复苏的不同步性，美联储逐步缩减购债的规模，发达国家先后开启政策正常化之旅。中国复苏较早，经济回升高点已过，政策正常化已有时日，国内的货币政策有相当的独立性。总的来看市场大概率会延续区间震荡，结构性机会大于整体性机会。

向上行可能会面临宏观经济的现实压力。 因为经济内生增长动力下降，这次没有把房地产作为托底经济的手段，地产和相关产业链的经营压力会比较大，消费也随着经济回落而呈现疲态。加上疫情可能进入尾声，海外供应链的恢复会使中国出口份额减少。在这种经济背景下，2022年上半年股票市场要有系统性的机会比较困难。

向下行的风险也不太大。 一是宽基指数估值水平处于合理位置；二是中国经济复苏高点已过，目前处于下行期，有放松货币的内在需要。中国的货币正常化相对海外早很多，2022年在放松上有一定的独立性和自主性，有利于估值水平稳定甚至小幅上涨。

总之，我们对A股市场中长期走势比较乐观。 一方面，从居民资产配置、中国经济和资本市场的国际比较来看，未来国内外资金增配中国权益资产是不可逆转的大趋势。另一方面，从可投资标的角度看，经历了几十年的高速成长和不断迭代，A股市场中具有全球竞争力的科技、先进制造企业正在成批涌现，而全球数一数二的大消费市场肯定会孕育出众多大市值的消费、医疗保健龙头企业。未来5~10年A股市场的投资机会依然非常丰富，最重要的主线大概率是科技创新和先进制造。当然，在新老经济巨大的景气反差下，在机构化进程推进，以及监管不断趋严的背景下，结构性机会要远大于系统性机会，同时对资管机构的专业能力要求大大提高。

好买： 您觉得什么才是应对市场波动的最佳方式？

管华雨： 在低利率的大背景下，大量资金追逐有限的投资机会，优质公司的估值会比以前更高，波动性也会更大，对此投资者要有一定的心理准备。应对波动一要深入研究，持续跟踪产业和企业，规避投错标的、投资资金发生永久性损失的风险；二要具备一定的全球视野，不要对明显的"灰犀牛"视而不见；三要合理把握估值区间，而不是跟随市场在极度疯狂和极度悲观之间摇摆；四要合理确定单个行业的配置上限，不做孤注一掷的赌博式投资；五要高度重视净值出现的大波动，并且有相应的操作纪律。未来随着金融对冲工具的完善，我们也会考虑增加对冲工具的使用。

好买： 是怎样的初心使得您踏上私募创业的道路？

管华雨： 我一直希望建立一个求真务实，能长久、纯粹地做资产管理事业的私募平台，为持有人持续创造价值。而私募行业的竞争，越来越从几个核心人员的比拼，上升到团队综合实力的较量。要在公司文化和价值观、治理结构、产品设计、投研管理、运营服务、合规风控等各方面都精益求精，吸引志同道合的人一起不懈努力，才有发展壮大的可能性。

资管行业有良好前景是大家的共识。我们愿意简简单单做好投研，实实在在为客户持续创造长期价值。

好买：会参考公募基金的管理体制或研究体系来搭建合远基金吗？

管华雨：公募 10 年的投研和管理工作让我体会到其投研体系的先进性和完备性，因此我们搭建私募投研框架时重点借鉴了公募的投研架构。**在投研工作模式上**，我们寻找对投研有强烈兴趣、投资理念相近的优秀人才加盟，不断提升投研人员的产业研究和财务金融知识积累，注重实地调研和思考总结，通过各种正式会议和非正式沟通建立投研工作制度，在统一的框架内发挥各自的长处。**在行业覆盖上**，我们会构建一定数量的研究员队伍，覆盖我们认为长期机会显著的主要成长性行业，同时吸收主要卖方、专家库的研究成果，提高研究广度和效率。**在公司管理上**，我们会以扁平化、尊重专业、平等沟通的方式开展工作，提高效率。私募基金队伍比较精干，有利于建立相互支持、紧密高效的合作关系。

好买：对于未来的私募之路，您有什么期待或者规划？

管华雨：中国进入中高速高质量发展阶段，财富管理行业方兴未艾，这是时代赋予我们的红利。对于未来的规划可以用一个词来概括，那就是"成长共享"，包含以下三个层面。

第一层面，与持有人成长共享。全力做好投研工作，良好的净值曲线是资管公司生存发展的根本。我们希望持有人能够长期陪伴我们成长，并且在此过程中获得扎扎实实的收益。

第二层面，公司内部成长共享。建立扁平、高效、公平的管理和分配机制，让大家有收获、有成长的同时心情愉悦，充分实现公司和员工和谐发展。

第三层面，与外部成长共享。我们将与合作机构相互扶持、共同成长。同时积极承担相应的社会责任，为资管行业的健康发展尽一份绵薄之力。

我们的企业文化、管理架构、产品设计、投研体系、分配机制都会与核心理念相匹配。对于未来的私募之路，合远的长期目标就是团结一批志同道合、理念一致的人，踏踏实实、长长久久地把资产管理这件事情做好。

管华雨投资金句
QUOTATION

❶ 不做小的波段，但需要针对大的转折点做择时操作。

❷ 长期来看，长线机会的把握更为重要，净值波动并不是最可怕的，关键是净值能否较快创出新高。

❸ "质在价先"，宁愿以一个合适甚至稍高的估值买入优质的成长企业，也不会贪便宜去买二三流的企业。

❹ 从格雷厄姆开创了价值投资流派，到众多投资大家持续丰富完善，长期历史表现证明价值投资之路是行得通的，并且也是大概率可成功复制的。

❺ 投资组合的构建要和经济发展所处阶段以及时代发展特征相吻合。

❻ 在市场面前我们就是小学生，要充分尊重市场、尊重竞争对手。

❼ 从 A 股多年的运行情况看，整体还是遵循寻找景气最优方向的模式，只是市场有时候会看得比较短，表现得比较极端，但基本范式一直没有太大变化。

❽　价值投资的方法，也要根植时代、与时俱进，深刻体察社会和产业的变化，"躺平"是不可能成功的。

❾　从社会发展大趋势的眼光，从行业比较的角度，去考虑如何战略性地分配自己的时间和精力。

❿　像经营者一样思考，使得我们能够更深刻地理解产业发展规律、公司行为和核心竞争力，从而更好地把握公司发展前景和风险因素。

2002 年加入鹏华基金，成为中国第一批社保组合股票基金经理；2005 年加入华夏基金，接管代码为 000001 的中国首批开放式基金；2013 年创立华夏未来，成为中国首批持牌私募管理人。

20 年来，巩怀志穿越了市场波动与时代变迁，原因之一是其不断学习总结并完善了一套极端行情中的战略择时框架，熨平波动；原因之二是其始终聚焦于时代变迁带来的投资新方向，一直向前看。

投资高景气度行业，灵活对冲规避系统性风险，正是华夏未来产品两大最主要的特征。

华夏未来　巩怀志

规避极端波动，
拥抱最景气的赛道

巩怀志
华夏未来资本　创始合伙人、
总经理、投资总监

- 清华大学 MBA，20 年基金行业从业经历。
- 历任全国社保股票组合基金经理，华夏成长、华夏蓝筹、华夏优势、华夏大盘基金经理，Nomura QFII 基金经理、华夏基金投委会委员、投资副总监（兼宏观配置投资部总监）。

在中国，什么职业的工作者有一半是从业不满 3 年的新人？

答案之一就是公募基金经理。据 Wind 数据统计，2021 年 6 月，在职的 2530 名公募基金经理平均从业年限为 3.91 年，超过 20% 的人从业不满一年，近一半的基金经理从业不满三年，仅有 134 位基金经理从业超过十年，占比约 5%。

公募基金就是这样一个竞争激烈的行业。随着从业年限的增加，不断有基金经理被淘汰，每三年，近一半的人已被后浪取代，能坚持十年不被淘汰的十里挑一。

这背后的原因，一是市场波动。牛熊大起大落的浪涛中，无数的人被甩下船去。激进者牛市英勇神武，但市场转向时若控不好回撤，将死于熊市；保守者熊市稳如磐石，但市场转向后若赚不到钱，将死于牛市。**二是时代变迁。**15 年前，基金经理要懂周期股，研究明白"五朵金花"；十年前，基金经理要懂 TMT，研究明白"互联网 +"；五年前，基金经理要懂食品医药，研究明白"消费升级"；如今，基金经理要懂半导体和新能源，研究明白"专精特新"。**经济发展与科技周期的不同阶段，总有新兴行业崛起，老行业也会有新的变化，如果基金经理无法紧跟变化、与时俱进，极易被淘汰。**

所以，能在 A 股摸爬滚打 20 年，从"庄股"时代奋战到如今的"核心资产"时代，穿越多轮周期，持续为投资者赚钱的基金经理屈指可数。巩怀志恰恰是其中一位。

2002 年加入鹏华基金，成为中国第一批社保组合股票基金经理；2005 年加入华夏基金，接管代码为 000001 的中国首批开放式基金；2013 年创立华夏未来，成为中国首批持牌私募管理人……**巩怀志 20 年基**

金经理生涯见证了中国基金业的发展，巩怀志也经受了中国 A 股市场 20 年来的风雨洗礼。

回顾巩怀志的历史业绩：鹏华时代管理的社保组合业绩居首；华夏时代 2005 年 10 月至 2010 年 1 月执掌华夏成长，其间累计收益 391.28%，年化回报 45.8%，2010 年执掌的华夏优势增长在 729 只基金中盈利总额第一；华夏未来时代，2013—2021 年，巩怀志年化回报逾 15%，可谓将亮眼的业绩延续了 20 年。

20 年来，巩怀志穿越了市场波动与时代变迁，原因之一是其不断学习总结并完善了一套极端行情中的战略择时框架，熨平波动；原因之二是其始终聚焦于时代变迁带来的投资新方向，一直向前看。

投资高景气度行业，灵活对冲规避系统性风险，正是华夏未来产品两大最主要的特征。对于许多惧怕波动、试图择时又不会择时的投资者，对于许多希望抓住未来经济发展方向、偏好新兴产业的投资者，华夏未来的策略或能匹配这些需求。

鹏华时期：价值投资，初窥门径

2002 年从清华大学 MBA 毕业后，巩怀志并没有立即踏上股票投研之路，而是加入鹏华基金，在北京分公司从事市场相关工作。

当时公募基金行业正蓄势崛起，行业发展充满无数机遇，而巩怀志也凭借个人努力把握住了机会。入职鹏华基金不久，巩怀志即从北京分公司调往深圳总部的机构投资部，任基金经理助理，协助团队管理全国社保组合。2003 年，巩怀志升任基金经理，正式开启了股票投资生涯。

为社保基金管钱，需要遵循严谨清晰的投资框架，需要坚守长期有效的方法论，需要保持风格始终稳定。**2003 年正是 A 股"庄股"横行的时代，而鹏华社保团队则坚持贯彻经典的价值投资理论与组合管理策略，以此为策略基石管理社保组合。**

巩怀志初为基金经理，便是以价值投资为起点，从财务分析到行业研究再到风险控制，都是应用西方成熟的证券分析与组合管理框架，再加以一定的本土化调整。

2003—2004 年，正是中国经济起步腾飞的时期。随着中国加入WTO，贸易规模急速扩大，经济增速也不断加快，体现到股市中，上市公司业绩加速增长，投资者也越来越关注企业盈利这一变量。**价值投资的认可度与有效性不断提升，巩怀志管理的社保组合成绩突出，当年业绩在所有社保组合管理人中排名第一。**

华夏基金：百家争鸣，相得益彰

2005 年，巩怀志加入基金界"领头羊"华夏基金，彼时华夏基金管理规模常年处于业内前三，聚集了中国非常优秀的一批基金经理。加入华夏，巩怀志步入了基金投资的新世界。无论是基金策略的多样性还是投资理念的超前性，华夏基金均在业内首屈一指，有基金经理擅长成长股投资，有基金经理擅长行业轮动，有基金经理擅长兼并重组事件驱动，等等。**与不同风格和策略的基金经理共事，拓宽了巩怀志的眼界和思维，也对其基础的价值投资框架进行了补充。**

2005 年 10 月至 2010 年 1 月巩怀志执掌华夏成长，其间累计收益

391.28%，年化回报 45.8%，在股票仓位上限 80% 的基金合同限制下，仍连续四年在股票型基金中排名前 50%，累计排名 20% 左右。2010 年，巩怀志开始掌舵华夏优势增长，当年业绩同策略排名前 10%，在缺乏系统性行情的 2010 年，华夏优势增长净值上涨 23.95%，其当年盈利总额占据了市场 729 只基金总盈利的半壁江山。

然而多年的公募生涯中，巩怀志却慢慢发现了一个问题：做基金经理，努力打造了高回报的产品，但是却未必真的帮投资者赚到了钱。尤其是 2005—2010 年这段 A 股大起大落的时期，虽然基金产品累计收益较高，但多数投资者其实是 2007 年高位的时候入场，2008 年回撤最大的时候绝望离场，2009 年市场热度高涨的时候再次入场。如此反反复复，最终基金赚了钱，投资者却可能收益甚微甚至亏损。

出于这个原因，巩怀志也一直在思考基金经理的工作意义。**2013 年，巩怀志离开华夏基金，创立华夏未来资本，决心以自己的思路和打法，控制波动，打造真正为投资者赚钱的基金。**

战略择时，抵御波动

公募奔私的明星基金经理很多，但由于私募业态更加残酷，几轮牛熊下来可能幸存者寥寥，而华夏未来自 2013 年成立以来则一直稳健发展至今。**巩怀志也兑现了其控制波动，为投资者真正赚到钱的承诺，许多投资人从公司成立时即持有华夏未来的产品，至 2021 年收益率已逾 200%。**

与其他私募相比，华夏未来的优势有两点。

第一个优势是基于多轮牛熊周期总结出的战略择时框架，这也是华夏

未来在极端行情中规避系统性风险、控制回撤的重要武器。

这套战略择时框架被命名为 MPLEVS 模型，六个英文字母分别代表影响市场行情的六个变量：经济增长、宏观政策、市场流动性、企业盈利增速、估值和市场动量。华夏未来从这六个角度去观测市场，每个角度再层层细分到可以跟踪的具体指标。比如经济增长可细分为消费、投资、出口等，投资可以拆解成制造业投资、房地产投资、基建投资等。华夏未来会持续跟踪这些细分指标，然后汇总起来，评估经济是冷还是热，流动性是紧还是松，上市公司盈利和市场估值水平如何，定期讨论监测市场的风险因素，决定何时对冲风险。

做择时的基金很多，牛市中大家都想在最高点离场，但实际情况是，许多基金离场过早没有为投资者赚到钱，更多基金想夺路而逃时发现为时已晚。**经济、政策、市场估值等公开信息大家都能看到，但真能抓住市场主要矛盾，理性、果断决策的管理人并不多。**

华夏未来不会频繁择时，而是以规避极端行情中的系统性风险为目标，争取不因离场过早使投资者错过收益。如巩怀志所言："多数时候，想获取收益，就要主动承担相应的波动。"

在市场被极端情绪推向高峰，影响行情的核心矛盾开始出现变化时，巩怀志能敏锐感知，做出应对，这是一名基金老将的素质，也是华夏未来的一大优势。

2015 年，杠杆资金推动牛市走向顶峰，华夏未来持续跟踪市场估值情况和投资者交投热度，并高度关注杠杆踩踏风险。6 月，市场波动突然加大，华夏未来及时对冲风险，之后泡沫破灭，上证综指快速从 5100 点跌至 3000 点，而华夏未来产品净值回撤不到 5%。

多数时候

想获取收益

就要主动承担相应的波动

2021 年初，基金投资热度持续升温，顶流基金经理频繁"出圈"。华夏未来早已注意到市场的局部高估，2 月的行情已开始走向极端，华夏未来意识到对顶流基金经理的非理性追捧正带来结构性风险，于是开始调整持仓结构。3 月，风险爆发，沪深 300 大跌，而华夏未来的产品净值则逆市上涨。

每轮牛市都有很大不同，驱动市场走强、驱动投资者亢奋的因素可能不断变化，而识别风险因素、规避极端风险则需要管理人抓住市场主要矛盾，对市场热度敏锐感知，对价格泡沫带来的收益保持理性，如此才能在牛熊周期不同阶段采取合适的策略，熨平波动。**华夏未来的历史战绩证明了其在战略择时、管理波动方面的能力圈。**

拥抱高景气度行业，寻找最具竞争力的企业

华夏未来的第二个优势是其对行业景气度的把握，始终聚焦高景气度行业与新兴产业，选择最具竞争优势的公司，分享行业、企业的高质量增长红利。

巩怀志选行业、选个股的投研框架也是自鹏华基金时期、华夏基金时期持续总结完善，最终形成体系。

2010 年之前，中国经济高速增长，绝大多数行业都很景气，行业机会此起彼伏，基金经理在行业选择方面往往更注重各行业的景气轮动。而 2010 年之后，随着经济增速进入回落期，多数行业景气轮动的现象逐渐消失，经济增长动力开始聚焦于少数新兴产业。

在宏观投资环境的变化中，巩怀志的行业配置框架不断调整、优化。

2010年后，巩怀志结合景气度自上而下选行业，结合竞争力自下而上选个股的投资策略基本定型。

目前华夏未来基于自上而下的分析，跟踪经济、行业高频数据，交叉验证，判断各行业的景气度。对于景气度上行的行业，华夏未来会结合景气度驱动因素，划定行业处于景气周期哪个阶段，是爆发初期，还是稳定上升期。**随后华夏未来会重点关注未来2~3年景气度最高、上行趋势最明显的行业。**

在自下而上进行选股时，华夏未来会对整个产业链进行梳理，包括上游原材料、中游加工制造，再到下游品牌销售，**以全产业链的视角分析每个产业环节的竞争格局，然后找出产业链某个环节中竞争优势最显著的公司。**

华夏未来关注的企业核心竞争力包括技术创新、品牌拉力、营销推力、质量成本控制等，这些优势能保证企业市场份额的稳步提升以及长期盈利的持续高质量增长。

行业和个股层面的标的确定后，接下来的问题就是以什么价格买入。华夏未来结合对行业和个股的盈利分析，确定标的估值体现的性价比，如果企业估值透支了未来多年的增长，那投资的容错率就很低。**总而言之，华夏未来会在高景气度的行业中寻找竞争优势明显、估值合理的投资标的。**

巩怀志20年投资生涯，华夏未来八年成长之路，"华夏未来"这个名字既彰显了创始团队与华夏基金的渊源，又蕴含着继往开来、勇往直前之意。而如今，"华夏未来"似乎又有了一层新的深意。中国经济步入高质量发展阶段，中华民族伟大复兴，新兴行业不断崛起，面对华夏大地光辉的未来，每个人都可以通过权益投资的方式分享时代赋予的红利。这也是巩怀志对其投资人的寄语：

　　"中华民族的伟大复兴已然开启，希望所有的投资人能够牢牢把握伟大时代赋予的权益投资机遇，投资优质且积极进取的好公司，分享中国美好的未来。"

华夏未来团队成员

- 华夏未来资本管理有限公司成立于 2013 年 6 月，由四位从业经历 20 年左右的专业人士共同创立。

- 公司投研团队超 20 人，四位核心投研团队成员曾经管理过全国社保投资组合、QFII、大型公募基金等各类型组合和基金产品，历经多个牛熊周期，经验丰富。

- 公司广泛吸纳优秀策略，采用股票多空、股指期货对冲、固收、量化套利等多种策略相结合，应对不同市场环境，旨在为投资者创造长期稳定的回报，成为财富管理领域重要的、有影响力的、受人尊重的资产管理机构。

寻找顺应时代潮流的机会，

寻找高质量成长的公司

访谈时间：2021 年 10 月

以价值投资启程，探索基金投资世界

好买： 2002 年自清华大学 MBA 毕业后，是怎样的契机让您走上投资这条路？

巩怀志： 在理工科学生的眼里，金融其实是另一个世界，与之前所接触的科学属性的内容不太一样，我感觉金融更像是艺术与科学的结合体。这种不一样的研究体验吸引了我，当时我对金融的兴趣也是越发浓厚，所以在清华 MBA 时期我选择了金融专业，而没有选择其他偏学术方向的专业。

生活中有很多事情没有标准答案，最终结果也不是一锤定音，然而在接触金融的过程中，我发现金融市场往往会给你一个明确的答案。**你做得对还是错，市场一定会告诉你结果，这也是我喜欢金融市场的原因所在，有明确的指标验证你的判断，能明确区分对与错。这种简洁明快的风格，很契合我少说多做的性格。**

后来在证券公司实习结束后，毕业之际就校招进了鹏华基金，正式开启了基金从业生涯。

好买： 能介绍下您在鹏华基金的工作经历吗？

巩怀志： 因为我住在北京，一开始去了鹏华基金的北京分公司从事市场相关工作。与鹏华许多基金经理共事的过程中，可能我一丝不苟与积极认真的态度赢得了大家的信任，很快被抽调到了深圳本部。

　　当时正好赶上公募基金蓄势崛起，鹏华基金成立了机构理财部（后更名为机构投资部）对接全国社保基金，这也是全国社保基金对委托投资管理人的第一次招标。

　　那段时间，我们通宵达旦做材料，全力以赴去投标，最终以第四名的成绩中标，成为全国社保的股票投资管理人。后来，社保基金经理突然离职，当时还是基金经理助理的我临危受命，担任基金经理，自此开启了我的投资生涯。**在我看来，这当中有努力的因素，也有稍许运气的成分。回头看，这段经历是我人生的一个重要转折点，我的基金投资之路也从此越走越宽。**

　　好买：当时您在鹏华管理社保组合的打法与策略是怎样的呢？

　　巩怀志：回顾那段时期的 A 股市场，可以说是庄股遍地、投机盛行。当时我们作为首批全国社保的管理人，主要基于价值投资这一套模型，参考西方发展数十年的个股分析、组合管理、风险控制等理论，并加以动态调整。**这是我第一次管资金，之前也没有 A 股市场的投资经历，可以说我投资管理的第一课就是西方的价值投资理论和组合管理策略，一开始就走上了价值投资这条路。**

　　2003—2004 年，中国公募基金行业加速发展，A 股市场也慢慢出现转变。随着中国加入 WTO，贸易规模急速扩大，经济增速也不断加快，体现到股市中，这样的经济环境使得基于企业盈利分析的价值投资被越来越多的人认可。**我们遵循价值投资的方法，自下而上地选择优质的公司，当时取得了很好的效果。最终我们管理的社保基金组合成绩突出，第一年业绩就获得了第一名。**

　　好买：2005 年您加入了华夏基金，而后工作八年之久，这段经历对您的投资策略和框架有什么影响？

巩怀志： 在华夏基金的八年，确实是我整个投资理念形成的最重要的一个时期，也是我基金投资走向成熟的最重要的一个阶段。

在华夏基金我成长了很多。华夏基金是一家风格极其多元的公募基金管理公司，对团队有着强大的包容性，为每个基金经理提供了很大的发挥空间。有的基金经理擅长研究小盘成长股，有的偏爱大盘价值股，有的擅长组合优化，有的偏爱行业轮动。不同的投资方法和思路在华夏基金共同发展，而且大家和而不同，同事之间的关系也都很融洽，彼此交流、分享和学习。

来到华夏基金，我相当于打开了一个"新世界"的大门。 我看到原来股票投资不只有坐庄投机、价值投资这简单的两类模式。投资可以有很多种维度的分析、很多种角度的思考。当时我就像初出茅庐置身江湖，原本仅熟悉自家门派的功夫，现在则看到峨眉派、武当派、少林派等各种派系同台竞技。

在华夏基金，我不断深入思考自己的性格适合哪类投资，也不断观察自己的能力边界在哪里。 当时我一直在想：长期来看，哪种模式更加可靠，更加可控，也更加可预测？哪种模式更能获得一个理想的回报？哪种模式可以最大限度地减少波动？在投资过程中，我开始思考这些问题，也学会去分析这些问题背后的逻辑，从而奠定了后来的投资方式与理念。

从公募到私募，从行业轮动到新兴产业投资

好买： 总结来看，鹏华时期，您以价值投资为主，而到了华夏时期，

您开始接触成长投资、行业轮动等多种投资方式，最终您是如何搭建自己的投资框架的？

巩怀志： 投资框架的形成也是长时间探索的结果。在华夏基金，我负责宏观配置投资部，每个月我都需要从宏观和策略的角度去思考未来市场的驱动力量和市场的风险因素，然后给出资产配置的建议。是往价值方向走，还是往成长方向走？是加大固定收益类资产的配置，还是加大权益类资产的配置？

2005 年，我刚加入华夏基金的时候，中国经济正好进入一个快速增长期，不同行业先后进入景气阶段。例如，与出口相关的港口和船舶带动了中游的制造业和加工业，随后又是汽车消费和住房消费，接着又带动了上游大宗商品，像煤炭和有色金属的景气，整体呈现出各行各业轮动增长的景象。**当时关注的就是行业轮动的方向与速度，从而去做相应的配置。**

对行业轮动的探索、对产业链的跟踪、对宏观经济的分析，是我当时的基础投资框架。

而到了 2010 年，无论是自身的感受，还是行业研究员自下而上的反馈，都反映出整体宏观经济增速放缓，一些行业高速增长的时期已经过去。无论是出口拉动还是房地产拉动，都进入一个平稳期。这就需要我去思考，未来投资应侧重哪个方向？行业轮动的框架是否会失效？

经过再三的思考与探索，我对原有的行业轮动框架进行了转型。

好买： 也就是说，2010 年之后，经济环境不同了，您的投资框架也做了相应的迭代？

巩怀志： 是的，从行业轮动框架开始，我的投资框架也在不断优化与成熟。2010 年之后，国家提出了发展新兴产业的战略规划，出台了包括新能源车、生物医药等行业的发展规划。从宏观经济的角度看，我认为中国经济开始进入一个转型期，海外成熟经济体的发展历程其实也是如此，GDP增速放缓之后，股市的主导行业会向消费转型、向科技转型。**投资者需要对这样的市场变化极为敏感，并且要将其反映在自身的投资框架中，同时也需要时刻去触摸并感受时代的"大脉搏"。**

逐渐地，我开始形成一个成熟的投资框架，在具体的时代背景下，寻找顺应时代潮流的机会，寻找高质量成长的公司。**从原有的行业轮动框架，到顺应时代发展的新兴产业投资框架，我的投资理念逐步定型。**

好买： 2013年，在华夏公募生涯最辉煌的时刻，您选择离开华夏，奔私创立了华夏未来资本，当时是出于怎样的考虑？

巩怀志： 华夏每年都会召开年度策略会，回顾这一年度公司的发展情况。除了展望未来的发展，我们也特别关注过往投资人的回报情况。我印象非常深刻，基金收益的统计结果显示，尽管当时我们管理的基金长期复合收益率非常高，七八年时间下来，基金净值涨了几倍。然而令人惊讶的是，很大一部分投资者竟然是亏损的，赚钱的投资者多数盈利也不多，能够完整分享到基金收益的投资者少之又少。

我开始对自己工作的意义产生了怀疑。辛辛苦苦地做股票研究，去判断市场，去做风险控制，最终净值涨了很多，但投资者却没挣到钱。我作为基金经理，工作的意义在哪里？其中的问题出在哪里？基金赚钱怎样才能带动投资者也赚钱。

后来我发现，问题的根源在于投资者本身不愿承担波动，喜欢追涨杀跌。在2007年市场6000点的高位买入，在2008年市场大跌后卖出，然后过几年涨高后又买进，循环往复。当我向投资者询问其买基金没赚钱的原因时，他们表示很多时候卖出并不是本意，而是眼看不少基金在市场大跌时亏了 50%～60%，自己实在扛不住了。**总的来说，很多投资者其实无法承受基金的大幅回撤，加上对未来基金净值修复充满怀疑，所以就容易追涨杀跌。**

我觉得管理基金，做好收益的同时，控制好波动也非常重要，这样才能避免投资者追涨杀跌，才能更大程度地帮投资者赚钱。当时我就希望管理一只降低波动、控好回撤，让投资者拿得住的基金，于是我离开华夏创立私募基金，希望有更大的空间去贯彻我的这一想法。

好买：您在公募做了十年，然后在私募也做了十年，您觉得在公募当基金经理和在私募管钱有什么不同？

巩怀志：我认为两者的投资目标不一样。私募追求绝对回报，而公募比较追求相对收益，这是很大的不同。

在对股票的选择上，私募更看重未来几年潜在的成长空间，看得更长远。公募则更多考虑单一季度、单一年度股票的涨跌情况，甚至第二年的涨跌幅都不在当下的考虑范畴内。

此外，私募基金可以使用对冲工具，意味着在风险来临时，可以快速地把股票的风险暴露降到最低，将市场的大跌对于基金净值的影响降到最低。而公募有最低仓位限制，也存在相对考核标准，不能与其他基金或对标基准偏离太大。

战略择时，聚焦高度景气的行业

好买：与其他私募相比，华夏未来有什么优势或是独特之处吗？

巩怀志： 首先，华夏未来取得较高复合回报率的同时，波动与回撤控制得也较好。从历史数据来看，在比较大的系统性极端下跌中，我们较好地控制了回撤。这离不开华夏未来的宏观战略择时框架，也就是我们内部命名的 MPLEVS 模型，我们会基于该模型去保护投资组合。

其次，大多数私募由单个明星基金经理创立，可能较多依赖个体人员的能力，而华夏未来由当时在全国社保组合以及华夏基金共事的一个团队共同创立。因此在投研过程中，成员之间彼此了解、充分协作，无论是投资和研究，还是公司管理和市场营销，每个人都发挥自身优势，纯粹地将工作做好。此外，我们合伙人之间也会经常探讨，通过思想碰撞激发灵感，这对于公司整体的发展非常有意义。

好买： 能具体介绍一下 MPLEVS 模型吗？华夏未来如何通过这个模型控制回撤？

巩怀志： MPLEVS 模型可以拆解和跟踪影响市场的各个因素，包括经济增长、宏观政策、市场流动性、企业盈利增速、估值和市场动量。考虑市场的驱动因素和潜在风险，极端行情下做好关键时点的择时，从而尽可能以更平滑的方式穿越市场周期。

比如 2015 年初，市场进入了一个高风险的区间，经济下行压力大，然而市场估值却非常之高。要判断泡沫是否会继续扩大、泡沫何时破灭，是一个难题。当时我们紧密跟踪市场风险因素，并科学分析纳斯达克互联网泡沫和台湾股市泡沫的案例。这两个案例中，市场都近乎疯狂，最后的结局也一样，泡沫终将走向破灭。**而泡沫破灭的主要原因包括宏观经济下行、政策或流动性转向以及杠杆过高后产生的踩踏。**

2015 年 6 月上旬，市场进入狂热状态。当时我们几乎找不到估值能与业绩相匹配的公司，于是开始缓步减仓。6月15日，市场波动已经明显加大，我们意识到杠杆资金踩踏的风险已经非常大了，再加上当时我们密切跟踪政策发现杠杆过高的情形已引起监管层的重视，因此在次日开盘前就进行了对冲。回头看那时正是牛市的顶部区域，后来在市场的系统性下跌中，我们的产品净值回撤控制在了5%以内。

好买： 2015年华夏未来之所以能成功地规避系统性风险，您觉得除了完善的建制化战略择时框架外，是不是也得益于您一些基于长期经验的主观判断？

巩怀志： 市场的阶段性顶部是一个区间，投资决策的时机对投资结果的影响非常大，所以基金经理对于市场的敏感度很重要。我个人经历过很多轮市场周期，相对来说会有一定经验。

牛市中，我会尽量去感知市场的疯狂程度。例如2007年和2015年都出现了散户投资者在证券营业部里排着长队、抢着开户的现象。再如每次到市场顶部区域的时候，都会有一些多年未联系的朋友打来电话或者发来短信咨询买基金、买股票的问题。在我看来，许多细节变化都是反映市场疯狂程度的指标。

当然，随着时间的推移，这类指标也在不断发生变化。例如现在散户开户这个指标就不再明显，不少投资者选择购买基金；又如2021年2月，明星基金经理"出圈"成为一个非常明显的市场过热指标，当时华夏未来结合自身的战略择时框架，进行了成功的对冲，规避了系统性风险。总之，反映市场热度的细节不断改变，基金经理应保持对市场的敏感度。

好买： 华夏未来成立以来，比较大的回撤应该出现在2018年，对此您有怎样的经验总结呢？

巩怀志： 2018 年上半年我们回撤控制得很好，全年回撤主要来自下半年。受到中美关系影响，以及国家推进去杠杆，市场整体走势很低迷。当时我们认为，长期来看经济上涨的潜力依然很大，而且从流动性角度来看，货币宽松也是大趋势，所以根据 MPLEVS 模型的分析，市场 7 月份开始逐渐进入一个布局区间，沪深 300 当时估值分位很低。

所以当时我们倾向于增加股票仓位，模型的分析结果也显示应该做多，不足的是我们做多的时机过早，这也是模型需要改进的一个地方。当时我们关注了全社会的流动性指标，虽然全社会的钱很多，但是金融去杠杆，股市的流动性被抽走，所以我们也因此对模型进行了调整，赋予金融市场流动性指标更高权重以观测流动性环境。

从另一个角度来看，2018 年的这种回撤也算正常。换句话说就是，要想获取收益，就要主动承担相应的风险。无论是模型分析的结果，还是站在当下回看当时的市场，那时都是一个非常好的布局位置，只是后来的一些风险事件与极端的悲观情绪让市场进一步下跌，但这些都是无法预知的。长期来看，当时的这种回撤是可以接受的，低位高仓，为后面的收益奠定了基础。

好买： 在选股策略层面，华夏未来主要聚焦于一些景气度高的新兴行业，如何去定位这些行业？可以介绍一下相关策略吗？

巩怀志： 无论是新兴行业还是传统行业，我们定位行业的标准都是一样的，即关注景气度明显上升的领域。**我们会寻找行业周期曲线上行趋势最陡峭、未来两三年行业整体规模以及盈利增速最明确的赛道去投资。**

好买： 具体到选股上，如何在这些行业里选出最具性价比的股票？

巩怀志： 选出明确看好的行业之后，行业分析师会对整个产业链进行梳理，包括上游原材料、中游加工制造，再到下游品牌销售，研究产业链上每个环节的竞争格局，从而找出某个环节中优势最显著的公司。这样的公司不一定规模最大或名气最响，但一定在成本控制、技术创新、营销策略、品牌宣传等某些方面能够超越竞争对手，赢取市场份额，形成强大的内生增长力。

好买：卖出股票的标准是什么？什么情况下您会做出减仓或者卖出的决策？

巩怀志：我们卖出股票的标准可以总结为三项。

一是标的的竞争优势发生了改变。产品技术的进步或是行业内营销方式的改变等，使得标的公司原有的护城河受到了冲击和侵蚀，竞争优势不再那么明显。

二是行业发展趋势与预期产生背离。我们会持续跟踪行业整体的基本面状况，如果增长趋势或者行业景气度低于原来的预期，也会选择卖出。

三是标的估值过高。假设一家公司前两项表现都很好，竞争优势比较明显，行业发展也比较有前景，市场对它的认知度也不错，那唯一的问题就是它的价格了。我们对估值的接受是有上限的，如果计入未来两三年的快速成长后，企业估值仍不能回落到一个正常合理的水平，那么当下已经透支了太多未来，这样我们就会选择卖出。

好买：景气度高的行业加上竞争优势强的公司，对于这样的标的市场都会给予较高估值，您能具体介绍一下华夏未来对行业或个股估值的评估或容忍度吗？

巩怀志：一定要先看行业的发展，看行业的整体需求增长如何、增速是否明显，这可以通过行业数据分析得知。**针对具体的公司，我们会从产**

业链的发展节点出发，评估公司未来的增长空间、盈利增速的快慢、盈利弹性的高低，把这些基本面的功课做好后再看价格的问题。

如果一家企业透支了未来多年的增长，这样的高估值容错率非常低，一旦竞争对手获得技术进步，或者行业增速出现波动，原来的投资逻辑就会被打破，整个估值也会快速下降，这往往会带来巨大损失。

我们能接受某个公司多高的估值，和计算近几年的增速息息相关。我们会在看好的行业里寻找一些竞争格局很不错，且估值未过度透支未来的公司。

总结 20 年的"变"与"不变"，分享中国的美好未来

好买： 未来看好哪些赛道或者行业的投资机会呢？

巩怀志： 碳中和的趋势和战略已经成型，未来几年我们长期看好新型能源，包括新能源汽车、光伏、风电、储能等领域，会保持重点跟踪。尤其是当前电动车行业增长趋势已然形成，业绩增速持续超预期，渗透率提升也非常明显。从短期来看，我们也看好互联网和军工两个领域，这些都是处于景气度上升周期的行业。随着反垄断监管的落地，互联网将逐步恢复内生增长。

如果看得更长远些，智能化和新兴消费将是主流，会催生出许多新的投资机会。我们一直关注人工智能的逐渐成熟，以及该技术的大规模应用。除此之外，我们还看好医疗服务和医药，随着人口老龄化的加速和人均收入的提高，行业的长期增长空间很大，持续时间也会很久。

好买： 新能源、光伏、风电等概念十年前就有人在讨论，有人在投

资，如今再次成为市场关注的焦点。您觉得与十年前相比，如今研究和投资新能源有哪些新的变化？

巩怀志： 十年前投资新能源与如今投资新能源，两个阶段的变化确实很大。虽然我都经历并参与了这个赛道的投资，但投资的并不是同一批公司。

分阶段来看，十年前是新能源行业从 0 到 1 的萌芽期。 例如新能源车，早在十年前就已经有公司进军该领域，但是几乎没有盈利，企业的生存主要依靠国家补贴。在当时看来，新能源代表了未来的一个方向，发展空间很大，部分技术储备较好的公司已形成了自身的优势。我们基于此做了相应布局，但当时许多新能源业务无法实现盈利，所以我们希望在新能源企业的传统业务中寻找一些安全边际。例如当时许多新能源车企都在做传统的汽车零部件，这部分业务会提供一个正常的盈利和估值，基于这些传统业务，我们在控制投资风险的同时，力求分享新能源行业景气度提升带来的收益。

而当前阶段是新能源行业从 1 到 N 的发展期。 例如光伏和风电都已进入平价销售，也不再依靠国家补贴，逐渐成长为一个正常的产业。新能源车也开始替代传统车，补贴逐步减少，盈利能力快速提升。

投资新能源其实和 2006—2007 年投资成长类股票一样，当时大部分行业得益于经济整体快速发展而成长壮大。当下虽然宏观经济整体增速不高，但新能源作为经济转型方向已进入一个业绩增长的黄金时期，有充分的盈利，也有清晰的品牌，更有明晰的格局，部分公司的全球竞争优势已经非常明朗，整体进入价值成长的阶段。

好买： 作为同时经历了 2007 年牛市、2015 年牛市以及 2019 年以来牛市的基金经理，您觉得几轮牛市之中 A 股市场哪些方面变了？哪些方面没变？

巩怀志：对比这几轮牛市，A 股市场确实发生了很大变化。

首先，宏观经济形势发生了变化，牛市的驱动因素也有较大不同。2007 年是宏观经济发展的黄金时期，大部分行业和个股都处于快速成长阶段；2015 年，宏观经济处于阶段性下行周期，为了对冲经济下行，连续降准降息释放大量流动性从而带来了牛市；而 2019 年以后的牛市，是居民财富进行资产配置带来的，此外外资流入也助推了 A 股市场走强。

其次，投资者结构也发生了很大变化。2007 年 A 股投资者中散户占比很大，而如今机构投资者占比过半，投资者结构发生了很大变化。此外，很多年前 A 股市场小股票的估值远远高于大型股票，而这些年随着机构投资者的发展壮大，流动性溢价逐渐体现，大型股票的估值开始慢慢超越小型股票，逐步与海外接轨。

要说哪些地方没有变化，或许就是每一轮牛市中都有投机因素存在，但最终能获得收益、能脱颖而出的还是那些优质的公司。无论是 2007 年、2015 年还是 2019 年，周期洗礼过后，最终市值能上涨的都是具有竞争力和较好经营能力、效益能够持续提升的公司，这是投资中永恒不变的规律。

好买：想要判断这轮牛市何时见顶，您觉得应该关注哪些指标或者市场特征？

巩怀志：带来这次牛熊转换的最大的风险，可能来自全球债务累积引起的危机爆发。

我们要去观察全球各个主要经济体，关注债务累积状况以及违约情况，考察是否存在大型企业破产倒闭，或是金融机构出现风险漏洞，等等。此外还要考虑国内影响市场周期的主要因素，重点关注货币政策是否再次转向，也就是何时收紧。

好买： 您如何看待未来国内的货币政策导向？

巩怀志： 整体来看，可能政策放松的压力比较大，主要有两个因素。一方面是美国等主要经济体即将进入紧缩周期；另一方面是国内大宗商品大幅涨价。

我们认为，国内货币政策还是易松难紧。当前经济下滑的压力比较大，如果不放松货币政策，经济有失速的风险，因此在保供稳价的基础上，货币逐步放松仍是大概率事件。

好买： 华夏未来成立近十年了，对于将来您有什么期待或者愿景？

巩怀志： 华夏未来的愿景始终如一，就是成为一家受人尊敬的资产管理公司。伴随着经济的发展，为投资者提供波动低、回撤小的产品，从而让投资人获得长期收益，既是我们的初衷，也是未来的期待。

好买： 如果让您和所有投资人说一句话，您会说什么？

巩怀志： 中华民族的伟大复兴已然启动，希望所有的投资人能够牢牢把握伟大时代赋予的权益投资机遇，投资优质且积极进取的好公司，共享中国美好的未来。

巩怀志投资金句
QUOTATION

❶ 生活中有很多事情没有标准答案，然而在金融世界里，你做得对还是错，市场一定会告诉你结果。

❷ 在具体的时代背景下，寻找顺应时代潮流的机会，寻找高质量成长的公司。

❸ 很多投资者其实无法承受基金的大幅回撤，加上对未来基金净值修复充满怀疑，所以就容易追涨杀跌。

❹ 管理基金，做好收益的同时，控制好波动也非常重要，这样才能避免投资者追涨杀跌，才能更大程度地帮投资者赚钱。

❺ 我们会寻找行业周期曲线上行趋势最陡峭、未来两三年行业整体规模以及盈利增速最明确的赛道去投资。

❻ 如果计入未来两三年的快速成长后，企业估值仍不能回落到一个正常合理的水平，那么当下已经透支了太多未来，这样我们就会选择卖出。

❼ 把基本面的功课做好后再看价格的问题。

❽   要说历轮牛市中哪些地方没有变化，或许就是都有投机因素存在，但最终能获得收益、能脱颖而出的还是那些持续高质量成长的优质公司。

纵观王文祥的投资履历，可以看到一个基金经理在制造业领域不懈的探索和持续的成长。从二级市场到产业实践，在岗位变化、行业变化及全球百年变局中，洞察商业模式、治理结构和管理决策，这是难得的"交换人生"经历，也是投资的认知升华之旅。

王文祥认为，在中国要想做好投资，"躺平"或哲学式的投资方式绝对行不通。既要有长期的梦想，也要有中期的目标，这是做好投资的一大要领。

正视能力圈，对确定性标的果断布局；逻辑自洽，走自己的路，真诚地管好每一笔钱。王文祥是这么思考的，也是这么做的。

聚鸣投资　王文祥
在复杂的市场中，
保持简单、专注、求实

王文祥

聚鸣投资　副总经理、基金经理

- 清华大学工学硕士，14年证券投资及行业研究经验。

- 曾任大型公募基金的研究与投资总监、非公募的社保基金经理，并具备三年龙头上市公司产业资本运作经验。

- 投资方向高势能聚焦科技成长、高端制造业。

- 深入产业并结合二级市场的独特视角，锚定科技成长股投资的主要矛盾，利用可跟踪、可量化的PEG（市盈率相对盈利增长比率）投资方法，追求可持续的超额收益。

随着中国经济从快速发展转变为高质量发展，经济周期波动变小，基金行业的主流策略和投资逻辑也在发生变化。从强调行业轮动的"风口时代"逐渐过渡到强调微观选股的"精耕细作"，基金经理对先进制造、核心科技等成长型行业的专业认知也变得越来越重要。

纵观王文祥的投资履历，可以看到一个基金经理在制造业领域不懈的探索和持续的成长。作为一名清华大学硕士毕业的工科生，王文祥毕业后就走上了资管投研的道路。2011—2014 年，他在长城基金从研究员做到基金经理，其间管理的代表产品"长城双动力" Wind 同类排名 35/335。2014—2017 年，他先后担任大成基金的研究总监、社保基金及机构投资部总监，负责大成基金非公募的社保、养老金和专户委外投资部门，并且搭建和带领了近 30 人的股票研究团队。而后在 2017—2020 年加入实业上市公司东山精密，其间完成了近百亿元的并购投融资，积累了三年产业资本运作经验。

产学研之路脚踏实地，成长投资策略也逐渐清晰明朗。他究竟是一位怎样的基金经理？如何应对市场牛熊之间的变化？又是如何在高手如云的市场中前行？我们试图从访谈中找到答案。

与很多走精致装修路线的私募不同，聚鸣的上海办公室质朴简约，给人以十足的亲切感。在访谈的过程中，王文祥与我们聊他的过往经历、投资感悟，就像许久未见的好友一般相谈甚欢，最后甚至连准备好的采访稿也没用上。

低调，是王文祥的本色；拒绝外界过度贴标签，是王文祥的坚持。交谈中，王文祥通过对行业的剖析和解构去理解投资，从纯粹的研究进化到立体的投资思考。

"人一旦投入工作，就没有中间状态，停下来，就等同于温水煮青蛙。"王文祥说道。

对投资的理解，一千个人眼中就有一千个哈姆雷特。正如巴菲特所说，基于对时代的理解选择好的生意，王文祥用理性的思维验证了这句话。在他看来，投资就是要基于对时代和社会的理解，探求企业的成长周期，分析其长期合理的社会价值，并获得股东回报。要做到这些，不仅需要正确的价值观和方法论，还需熟练运用财务、法务等工具对资本回报能力、企业治理结构等进行量化分析，并用组织的力量"交换人生"，扩大投资的认知能力圈。

投资关键词：勇气、勤奋、热情

谈到毕业后正式踏入投资行业，王文祥坦言这是幸运且勇敢的决定。

2007 年，王文祥从工科小白初入金融行业，本着"干一行，钻一行"的精神，将"学"与"研"充分结合，个人能力也得到迅速提升。加之正好赶上了基金行业的高速成长期，个人的职业发展可谓顺风顺水，仅用了四年时间就从研究员转为基金经理。同时在十年的公募基金从业生涯中，共获得了六次年度公司优秀员工和先进标兵的称号。

在公募基金投资时期，王文祥通过长时间的训练、归纳和提升，在投资方法上逐渐形成了自下而上结合估值的体系。较为宽松的整体氛围，简单纯粹的工作状态，科学的价值观和方法论，都显著增强了王文祥的自信心，也帮助其扩大了能力圈，对市场全貌有了更多的认知。在经历过 2015年股灾、2016 年熔断等多次市场重大事件后，王文祥也越发坚定了"长期投资、价值投资、责任投资"的理念。

个人投资框架的发展、自洽、定型，离不开投资经验的累积、认知的提升，以及学习状态的维持。

在行业研究上，王文祥积极勤奋地对大量上市公司做调研，做产业分析和跨国比较，每年撰写几十篇调研纪要和研究报告，与同事们日复一日地讨论，去伪存真，他称这些为"题海战术"。**正是这种比较"笨"但又扎实的打法，不断提高了他对"好和坏""优与劣""高与低"的商业直觉。**

而行业研究之外，王文祥总是自发地去学习、精进，提升财务、法务和金融等相关能力。从公司和行业的视角去理解宏观，见微知著，持续进行立体化的分析和思考，同时始终保持热情分享的心态。在他看来，与优秀的公司和同行交换认知，是相互提高的捷径。"研究可以是纯粹的，但投资是一项社会科学工作，需要和各个领域的优秀人士交换深度认知。"这是王文祥回头看时得出的一个结论。

两次投资升维之路

王文祥的身上有种对事物强烈的求知欲。在大型公募机构工作近十年后，他认为仍需要不断完善和迭代自己的知识体系。于是，在 2017 年从二级市场转战产业，加入东山精密，开启了产业资本的投资道路。

在上市公司的产业投资，是王文祥的一次投资升维。

在东山精密担任投资总监期间，王文祥组织策划了累积近百亿元的定增、并购和员工持股计划，对在中国特色社会主义市场经济环境下，资本市场如何助力实体经济做强做大及二者辩证共赢的关系均有了切身体验。在这个过程中，王文祥对企业的实际运营、投资对实业的帮助有了进一步认知，更直观地感受到政府和企业如何高效地利用产业基金，并在不少产业层面建立了良好的感知。

可以说，这是一次从书本到实践的认知之旅。在岗位变化、行业变化及全球百年变局中，洞察商业模式、治理结构和管理决策，这是难得的"交换人生"经历，也提升了王文祥对投资的多维认知，升华了对投资的思考与理解。

进入私募，是王文祥投资事业化的自主之路。

2020年7月，王文祥带着对投资的多维理解，应师兄刘晓龙之约加入聚鸣投资，走上了以绝对收益为目标的私募基金投资之路。

私募的商业模式，注定了压力会大于公募。在这一过程中，王文祥始终坚守自己看得懂的领域，追求合理的风险收益比。同时，也会站在持有人的角度去思考问题，注重持有体验。新产品的建仓期以中低仓位先建立安全垫，避免短期市场波动过大影响净值；待安全垫垒好后，再将仓位稳步提升，力争带给持有人一定的安全感。

产业投资阶段培养的股票价值分析能力、产业链分析能力，都被王文祥很好地融入私募投资之中。他习惯站在产业投资的角度，分析公司的景气度和估值体系的变迁，理解资本回报，同时从财务报表里寻找企业成长的主要矛盾。

投资之路往往需要巨大的勇气和坚定的信念，王文祥选择通过增加个人多维经历，提升投资的长度、宽度与高度。过往完整的产学研之路，不仅丰富了自身资源，更补充和升华了他对权益投资的理解。

关注最硬核的方向

霍华德·马克斯（Howard Marks）曾说，想要提升对于整个市场和经济的认知，更有效的办法是深入研究，要追求"知可知"。从王文祥的履历中可看出其高端制造业的核心能力圈：清华大学工学硕士毕业，入行后在研究员时期专攻机械、汽车行业。**在他看来，投资首先要诚实、好学、知行合一，坚守自己看得懂的领域；其次是不随波逐流，追求良好的风险收益比。**

投资方向上，王文祥更偏向在泛制造业里精选优质成长股。从他的选股上，能看出以下特点。

首先，聚焦泛制造业中涉及时代主航道的高端制造方向，如新能源、航空军工、集成电路等；其次，运用可跟踪、可量化的 PEG 成长股投资策略，关注科技制造领域的成长股，注重业绩增速和当期估值的匹配，评价基于安全边际的收益率预期；最后，以"基于产业成长的企业生命周期投资"为总体策略，紧抓成长股投资的主要矛盾，自下而上地精选个股。

在王文祥看来，众多行业的底层逻辑和商业模式都是互通的，因此并不存在行业选择上的瓶颈问题。投资不是简单地去定义某一个行业，关键在于理解底层逻辑，只要有合适的机会，就积极参与。正如巴菲特所说，基于对时代的理解选择好的生意。**长远来看，成长股的投资离不开对时代和社会的理解，也需要融入时代成长主航道。王文祥认为，中国是大国经济，新的公司总是在预料之外出现，因此不用担心长期投资机会，投资者要做的就是看长远，远见方能远行。**

简单、专注、求实，这是聚鸣的文化，也是王文祥投资状态的真实写照。正视能力圈，对确定性标的果断布局；逻辑自洽，走自己的路，真诚地管好每一笔钱。王文祥是这么思考的，也是这么做的。

● 　上海聚鸣投资管理有限公司成立于 2016 年，是国内知名的私募基金管理公司，规模和业绩均处于行业前列，多次获得金牛奖、英华奖、金阳光等行业标杆奖项。

● 　聚鸣投资凝聚了来自公募基金、知名券商的优秀投研人才，践行绝对收益的投资理念，以逆向投资为基础，通过多策略的方式实现收益和风险的平衡，致力于为投资者实现资产的稳健增值。

DIALOGUE

聚鸣投资　王文祥

"交换人生"获取全新认知与经验

访谈时间：2021 年 10 月

"产学研"的投资路

好买： 您所学的专业是理工科，在清华大学硕士毕业后，是怎样的契机让您走上投资之路？

王文祥： 我学了七年工科，在校期间很少接触股票和基金投资。当时对投资只有粗浅印象，市场正在欣欣向荣地发展，A股从900点涨到了1200点。后来我在基金公司实习时，市场已经涨到了2600点，待我正式入职时，市场更为火爆。处在毕业季的我，陆续收到几家公司的录取通知书，其中一家是外资飞机制造公司，与专业相符，还有一家是深圳的基金公司，一时不好取舍。恰巧在基金行业已工作一年的师兄刘晓龙返校，他比我高一届，同时也是足球队的好搭档。他现身说法地介绍了基金行业的情况，并帮我对比分析，建议我到方兴未艾和充满机遇的基金行业尝试一番。回头看，2007年前后算是基金行业的战略机遇期，他的分析帮助我快速下定决心，也正是这个决定开启了我的投资生涯。

好买： 近些年基金行业发展迅速，您刚从业时的基金投资是否和现在大有不同？

王文祥： 踏入基金行业后，我任职研究员，主要覆盖中游制造业，包括机械、家电、汽车、电力设备等领域。根据公司持仓要求，需要经常外出调研、撰写报告。2006—2007年，宏观经济发展非常强劲，需求旺盛，制造业整体快速发展，每个季度的业绩都超预期。

2007 年是超级大牛市，基金赚钱效应非常明显，公募基金规模一年扩大了五倍以上。那一年也算是基金业普及元年，当时基本以国有股东的股票多头公募为主，基金规模总体偏小，中流砥柱效应并不明显。而现在基金主体相对多元化，有私募、公募，也有国有、民营和外资，还有股指期货、量化、固收等多条线，以及更细分的投资策略方法和流派。由此可见基金行业的发展有着极强的包容性。

好买： 您在长城基金担任研究员和基金经理长达七年多，基金业绩及排名都表现不错，最大的收获是什么？

王文祥： 在长城基金的七年半里，整体的成长较为快速。乘着时代的东风，我只用了四年时间就从研究员转为基金经理。当时公司氛围整体比较宽松，加上我自身勤于思考，研究工作比较勤勉尽责，始终坚持科学的价值观，最终取得了比较好的业绩。这也显著增强了我的自信，有助于扩大能力圈。在这七年半的研究和投资经历中，我逐渐形成了自下而上结合估值的体系，关注风险收益比。同时摸索出一套关于训练、归纳与提高的方法论，对市场全貌也有了更多认知。

好买： 在投资的初始阶段是如何进入状态的？

王文祥： 做投资需要持续补充专业知识，才能更好地理解行业与个股。长城基金的整体氛围比较好，鼓励我去做不同的探索，领导对我也比较信任和理解，因此我能够逐渐在熟悉的行业以及自己的能力圈中自下而上地找到一些机会。

入职初期，我在三个月之内看完了注册会计师的五门课程，快速形成了对财务法律的初步理解，而后又在具体案例分析中加深认知。针对行业的重点公司，连续撰写季度点评和深度报告，增加对产业和上市公司业务的理解深度。投资初始阶段也会囫囵吞枣地看一些投资方面的书籍，而后每隔几年再次精读，逐步形成自己的思考体系。坚持几年后，我觉得自己的知识结构也就基本合格了。

总的来看，投资之初是朴素学习、朴素投资的状态：调研上市公司、分析产业逻辑，与同事和同行们日复一日地讨论，而后利用题海战术般的训练，归纳理解各类估值类型，提高投资标的可研究性。

好买： 能否分享 2014 年您加入大成基金担任研究总监和社保投资总监的这段经历？

王文祥： 大成是一个优质的中大型公募平台，牌照、业务类型都很全面，综合实力也很强。当时有机会任职研究总监和社保投资部总监，并管理大规模社保组合产品，对我来说是一个难得的锻炼机会，当然挑战也很大。

这项工作分为三个部分，第一部分是作为研究总监负责管理研究部，搭建研究部的架构，拟定相关制度，提升研究部的整体实力。第二部分是社保产品投资管理工作。值得庆幸的是，投资业绩在任职期间名列前茅，也获得过社保三次增资肯定。第三部分是社保及机构投资部总监的管理工作，当时这个部门的定位是非公募的投资部门，主要涉及各类型银行委外专户、打新定增等专门目的专户和社保产品的投资运作。2016 年下半年，我和团队连续奋战三个多月，最终在众多基金公司的激烈竞争中胜出，于 2016 年底成功获批成为首批 21 家基本养老金的管理人。

在大成期间，投资工作主要是管理社保组合。在经历过 2015 年股灾、2016 年熔断等多次市场重大事件后，我越发坚定了"长期投资、价值投资、责任投资"的理念。在此期间，个人投资框架也逐渐发展、自洽、定型。现在回头看，当时上岗时也就三十出头，管理两个部门共 30 多位同事，经验还不是很丰富，但是非常感谢大成给我这个锻炼的机会，让我亲自体会管理，也有幸和管理层一同参与部分重大事项的讨论。这一系列的历练加深了我对基金公司商业模式和核心竞争力构成的理解，同时也对现在做好公司的管理工作有着现实指导意义。

投资就是要基于对时代和社会的理解，探求企业的成长周期，分析其长期合理的社会价值，并获得股东回报。 要做到这些，不仅需要正确的价值观和方法论，还需熟练运用财务、法务等工具对资本回报能力、治理结构等进行量化分析，同时不断扩大投资的认知能力圈。具体到操作层面，还要注重业绩增速和当期估值的匹配，评价基于安全边际的收益率预期，以"基于产业成长的企业生命周期投资"为总体策略，紧抓成长股投资的主要矛盾，自下而上地精选个股。

好买： 2017 年可以说是一个比较关键的时点，您是出于怎样的考虑，选择从二级市场跨行到实业？

王文祥： 总的来说，是顺应了内心不断构建和强化自身知识结构的声音。在 2017 年 5 月，我担任了东山精密的投资总监，负责并购投资融资，主要的工作包括两次定增、两次并购和一次员工持股计划，累积金额 100 多亿元。在这个过程中，我对企业的实际运营状况有了进一步了解，对投资给实业带来的帮助也有了进一步认知，在不少产业层面建立了良好的感知，而且也结识了许多半导体、汽车、电子等领域里的优秀产业人，更直观地感受政府和企业如何高效地利用产业基金。

好买： 实业阶段的历练对您后期投资以及权益投资体系的完善是否有帮助？

王文祥： 在公募机构工作近十年后，我认为需要不断完善和迭代自己的知识体系。在实业期间，我组织策划了累积近百亿元的定增、并购和员工持股计划。在中国特色社会主义市场经济环境下，经历近百亿元的产业投资，使我对资本市场如何助力实体经济做强做大及二者辩证共赢的关系均有了切身体验。这是一次从书本到实践的认知之旅。在岗位变化、行业变化及全球百年变局中，洞察商业模式、治理结构和管理决策，这是难得的"交换人生"经历，也提升了我对投资的多维认知，升华了对投资的思考与理解。

以产业思维选"真"成长股

好买： 2020年，您加入私募（聚鸣），这是深思熟虑后的决定吗？

王文祥： 如果把投资作为长期的事业来考虑，我必然选择走向私募，毕竟私募更自主。聚鸣由我的师兄刘晓龙创立，我们认识近20年，对彼此的为人、投资理念与价值观都非常认同，加盟聚鸣是顺理成章的事。

好买： 您会将产业投资的思路带到私募投资中吗？私募投资与之前有什么不同？

王文祥： 产业投资的思路是股票价值分析的基础，包括产业链各环节的价值分析和资本回报分析等。这些分析能力，要结合私募的考核期限、资金久期和流动性做组合管理上的耦合。

通常来讲，私募产品更注重持有体验，尤其在新产品的建仓初期。私募的商业模式，注定了压力会大于公募，但对此我更多的是理解和寻找合适自己的做法。目前较为理想也是聚鸣现在的做法是，新产品的建仓期以中低仓位先建立安全垫，避免短期市场波动过大影响净值；待安全垫垒好后，再将仓位稳步提升，力争带给持有人一定的安全感。

我认为产业思维的核心在于理清产业内在逻辑，并分析其产业资本回报。以汽车为例，未来 5~10 年其产业内在逻辑就是由电动化到智能化，再到网联化。产业资本回报分析则侧重分析各环节的价值链，通过商业回报模型及其量化分析，评估哪些环节容易产生未来的大公司。

好买： 众所周知，成长股投资波动比较大，研究难度高，预测精度低，您如何寻找好公司？

王文祥： 我将成长股投资分为两类，一类是赛道投资，另一类则是 PEG 投资。赛道投资是指按照 5 年之后的赛道空间，对龙头一、龙头二的公司进行市值的反推和估算。我主要使用 PEG 成长股投资策略，看重业绩增速、ROE 质量与估值水平是否匹配。**我会花大量时间去思考，一个公司的估值有没有完全反映其未来的成长性。在我看来，这是一种看重风险收益比的打法，既对企业业绩增长做定性和定量分析，又对估值进行定性考虑，划分成"便宜、合理、较贵、泡沫"四个评级。这样相当于对企业的风险收益特征做一个收敛的量化分级考量。**

在标的选择上，我认为一定要结合时代成长的主旋律，把有价值的"石头"都翻一遍。 首先，调研是最基本的，在此基础上结合投资策略与打法；其次，站在产业投资的角度分析公司的景气度和估值体系的变迁，理解资本回报；最后，从财务报表里寻找企业成长的主要矛盾。

当然，不是所有股票的上涨都是价值发现，有的是景气度推动资金产生潮汐效应，甚至在数年内维持一种高估值或低估值的状态。但若将时间周期拉长，估值总体上是公司商业模式所决定的资本回报能力的映射。

好买：PEG 选股策略具体参照哪些指标？

王文祥：判断公司是否符合我们对成长股的定义，主要依据以下五个正面要素分析。第一，公司未来三年的业绩或收入的复合年均增长率要超过 30%；第二，行业或公司能力处于 1 到 N 的成长期（已突破 0 到 1 的初创期），N＞3；第三，关注公司对股东的回报，稳态 ROE 要大于 15%；第四，结合安全边际的一定的收益率预期，向下空间最多－20%，向上三年空间 100%；第五，行业或公司具备三年期的可研究视角，且三年以上模糊正确，避免"黑科技""黑模式"的公司。当然，以上定义需要结合实际情况灵活运用。

好买：您会从哪些角度衡量企业是否具有成长性或者说值得投资？

王文祥：从财务报表里寻找企业成长的主要矛盾，考察在建工程、研发费用、报表出清的预期差这三大维度，从中把握投资机会。

第一维度是在建工程。这表明企业是在用真金白银下注未来。我尤其关注在建工程超过现有固定资产 50% 以上的公司。流程大致为：评估—调研求证—推演—研究求证—二级市场映射—估值提升。在建工程的转固时点和股票二级市场的映射关系是制造业股票投资中最精华的部分。

第二维度是研发费用。一般来讲，我特别重视研发费用占利润 30% 以上的公司，在我看来这样的公司都比较有追求。例如创新药和半导体这类轻资产公司，其研发费用的"中场"通常可作为业绩拐点的线索。

第三维度是报表出清的预期差。对于经历过收购、借壳、出售等操作的公司其财务报表可能存在混沌期，可以通过理清报表出清阶段的预期差，寻找瑕不掩瑜的公司。

好买： 能否分享您控回撤的方法和心得？

王文祥： **投资首先要知行合一**。我不凑热闹、不追热点，坚守自己看得懂的领域，追求合理的风险收益比。同时，也会站在持有人的角度去思考问题，注重持有体验。

好买： 与其他私募相比，您怎么看自己的投资特点？

王文祥： 在投资上，我不想将自己标签化。如果要说不同，**首先，我更注重风险收益比，也会考虑估值与企业增长的匹配程度。其次，在赛道或个股的选择方面，我试图以一种更严谨的方式去分析公司的盈利预测、景气度以及估值体系的变迁，再结合时代成长的主航道做研判。在整个过程中，我会有更多理性的思考。**

好买： 行业选择上会有瓶颈吗？

王文祥： 熟悉我们产品的投资者可能都知道，泛制造业作为主要能力圈这一特点是比较明显的。同时我也觉得，**众多行业的底层逻辑和商业模式都是互通的，因此并不存在行业选择上的瓶颈问题。投资不是简单地去定义某一个行业，关键在于理解底层逻辑**，只要有合适的机会，就积极参与。

好买： 当产品与市场热门方向产生偏离的时候，您会如何选择？

王文祥： 这样的情况其实并不少见。例如从 2020 年 6 月到 2021 年 9 月这 15 个月里，我管理的"匠传"产品有接近 6 个月的时间与市场风格相背离。站在 2020 年末的时点看，市场追捧热点，部分受追捧的核心资产龙头公司的市值已经接近泡沫的程度，而我坚持了自己的投资策略，抓紧机会布局当时明显被低估的成长性中小盘标的。后来在 2021 年 5 月后，市场整体表现为强烈的结构性题材风格，上年度表现抢眼的核心资产在回调中消化估值，鲜有超预期的业绩表现，甚至部分核心资产业绩低于预期致使深度回调。但是，反观部分估值和增速匹配的中小盘，则出现了较为活跃的机会和比较亮眼的表现。

在我看来，**投资中"走自己的路"需要勇气与信念，往往有定力才能走得更长远**。

好买：在管理基金时，您往往是带着怎样的投资目标？

王文祥：寻找投资机会是一个长期的过程，不能奢望买入后马上就有很大的超额回报，因此我追求良好的收益风险比，力争中长期超额收益。

远见方能远行

好买：您觉得未来成长股投资最需要关注什么？

王文祥：在分析成长股的投资过程中，需要融入时代成长主航道，而这离不开对时代和社会的理解。正如巴菲特所说，基于对时代的理解选择好的生意。中国是大国经济，新的公司总是在预料之外出现，因此不用担心长期投资机会，要做的就是看长远，远见方能远行。

好买：未来依旧看好哪些方向？

王文祥：我的基本策略是寻找"基于产业成长的企业生命周期投资"，基于对时代及产业的认知，未来继续看好高端制造业三个维度的投资方向。

第一个维度是新能源汽车，其中的逻辑线是汽车产业的电动化、智能化、网联化。这"三化"的叠加期有机会让中国汽车企业重塑自主品牌，形成中国特色核心供应链和软硬件一体化服务能力。这是个巨量的市场，无论是梯度、广度、纵深都值得去充分挖掘。

第二个维度是军民融合的航空产业链。航空产业链将显著受益于军事武器装备的跨时代发展，因此我看好产业链上的部分民参军企业及其细分领域的机会。随着大量军民融合企业上市，未来可研究性也会进一步增强，投资机会将会显著增加。

第三个维度是集成电路。虽然中国在半导体领域与发达国家相比仍有差距，但是现在正在不断追赶的过程中。集成电路在规模上有一定优势，且随着国产替代奋起，多个方向都能找到一些投资机会，比如功率半导体、通信射频芯片、FPGA 的差异化特种应用，中国工程的后发优势将会显现。

好买：与十年前相比，您觉得市场的变化主要体现在哪些方面？

王文祥：　**首先是宏观经济环境发生巨大变化。**十年前资本市场处于货币供给比较合理的阶段，而现在全球货币相对是一个宽松泛滥的时代，流动性极为充裕。**其次是资管行业人的因素变化也很大。**无论是从业人员的规模、整体素质还是优秀学历的比例，与之前相比都有着天翻地覆的变化。**这种与聪明人赛跑的竞争模式也让我颇有感慨，在中国要想做好投资，"躺平" 或哲学式的投资方式绝对行不通。既要有长期的梦想，也要有中期的目标，这是做好投资的一大要领。**

好买：您觉得在投资中赚钱靠的是什么？

王文祥：　**首先是认知。**认知来自很多方面，一方面是投资过程中所获得的经验，以及年龄增长所带来的阅历。**没有经历过熊市，就不会明白牛熊更替的感受，对行业能否赚钱的认知就存在缺失。**而随着年纪增长，对事物的解读也会发生变化，很多年轻时没想明白的问题或许会在后面的某一天茅塞顿开。另一方面，认知也来自与周围"前沿"朋友的相处。近朱者赤，通过交换认知，受他人的影响，得到新的感悟。

其次是勇气。从机械专业到金融行业，我靠的是敢于尝试与学习的勇气；从公募到实业，再到私募，一直做每个阶段最想做的事，靠的是持之以恒的勇气。很多事情过后看总是很简单，但事前却是困难重重，而这些都离不开勇气。

最后是诚实。正视自己的能力圈，对确定性标的果断布局，对不确定性标的弃而远之，走自己的路，无论市场如何变化，这样的策略都是有效的。

好买： 有哪些书或者人对您的投资生涯带来影响？

王文祥： 很多书在不同时期读会有不一样的感受。我比较喜欢读李录的《文明、现代化、价值投资与中国》、黑石集团苏世民的《我的经验与教训》等等。这些书未必是大家都喜欢的，但对我触动很大。它们并非是对二级市场的短期研判，而是归纳了作者长期投资、长期做事的核心底层逻辑，总结了一些可复制可参考的方法及思维，每次翻阅都有不同的感悟与收获。

李录在书中写了对知识的诚实，诚实是应该放在第一位的后天修行能力，是思想、行动、语言、习惯的前置判断。大部分现代社会的人都急于表达与展示，以至于仅能获得真相的轮廓，而无法得知真相的诸多关键细节。

苏世民在书中提到要好学不倦、永无止境，要善于研究生活中取得巨大成功的人和组织，他们能够提供关于如何在现实世界获得成功的免费教程，可以帮助你自我提升。读书亦是如此。

好买： 请用一句话形容您所理解的投资。

王文祥： 简单、专注、求实。这是聚鸣的文化，也是我对投资的理解
与追求。

王文祥投资金句
QUOTATION

❶　研究可以是纯粹的，但投资是一项社会科学工作，需要和各个领域的优秀人士交换深度认知。

❷　投资首先要知行合一。我不凑热闹、不追热点，坚守自己看得懂的领域，追求合理的风险收益比。

❸　个人投资框架的发展、自洽、定型，离不开投资经验的累积、认知的提升，以及学习状态的维持。

❹　在分析成长股的投资过程中，需要融入时代成长主航道，而这离不开对时代和社会的理解。

❺　产业思维的核心在于理清产业内在逻辑，并分析其产业资本回报。

❻　中国是大国经济，新的公司总是在预料之外出现，因此不用担心长期投资机会，要做的就是看长远，远见方能远行。

❼　在中国要想做好投资，"躺平"或哲学式的投资方式绝对行不通。既要有长期的梦想，也要有中期的目标。

❽   没有经历过熊市，就不会明白牛熊更替的感受，对行业能否赚钱的认知就存在缺失。

❾   正视自己的能力圈，对确定性标的果断布局，对不确定性标的弃而远之，走自己的路，无论市场如何变化，这样的策略都是有效的。

❿   要善于研究生活中取得巨大成功的人和组织，他们能够提供关于如何在现实世界获得成功的免费教程，可以帮助你自我提升。

从成立之初的千万元到突破百亿元人民币的规模，方瀛走出了一条专注基本面长线投资、不收业绩提成并只做多不做空（long only）的特色之路。

丁晓方是一位海归派私募的代表，曾师从多位全球顶级投资界大佬，接受世界顶尖投资机构的长期熏陶和历练，也始终在坚持自己真正想做的投资。在他看来，长期投资从来就不是一个基金经理的"单打独斗"，一家伟大的基金公司，一定是一群投资能人共同合作、持续创造优异回报的结果。

丁晓方说："伟大的投资者都有一个共性，那就是永远看未来，看长远。"

方瀛投资 丁晓方
以全球视野，寻找中国机会

丁晓方
方瀛研究与投资　董事长、首席投资官

- 2014 年 10 月，创办方瀛研究与投资。
- 在创办方瀛之前，丁晓方在美国资本集团（资产管理规模达 2.4 万亿美元）担任投研分析师（2003—2014 年），从事全球股票市场的研究与投资，取得卓著往绩。
- 在加入美国资本集团之前，丁晓方先后就职于怡富资产管理公司和 Manning & Napier，担任基金经理和投资分析师等职务。
- 1985—1990 年，丁晓方在中国国家计委（现名"发改委"）担任经济研究分析师。

方舟万里，**瀛者海也。**在波澜壮阔的资本海洋中，总有那么一群人选择扬帆远航、大浪淘沙。对于丁晓方来说，这是他为之奋斗的目标，也是方瀛要走的漫漫长路。

丁晓方给人的第一印象，沉稳、睿智，不乏幽默。60 年代出生的他，有着那个年代独有的气质，在侃侃而谈中不时流露出多年投资积累的历练感。

一直以来，方瀛很少出现在公开场合，在这次好买的正式访谈开始前，丁晓方一再强调不希望走营销驱动规模的路线，也不希望媒体曝光。这样的低调，在一众基金经理中着实不多见，也正是这样的朴实，让我们能拨开云雾，看到本质。

随着国内资本市场的发展与壮大，大洋彼岸归来的基金经理不断增多，丁晓方就是一位海归派私募的代表。在他看来，身处一个改革开放的大时代和充满着机会的中国非常幸运。而更加幸运的是他曾师从多位全球顶级投资界大佬，接受世界顶尖投资机构的长期熏陶和历练，这样的经历可以说不是唯一也是罕见。无论是在怡富资产（现摩根大通）管理 20 世纪 90 年代末全球最大的中国基金，还是 2003 年后在全球最大的主动型资管公司资本集团（Capital Group）工作长达 12 年，都奠定了其深厚的行业研究基础、全球的投资视野以及多层次的长线投资理念。

谈到创立方瀛，丁晓方坦言：**"投资越久，越想做些自己真正想做的事情。"**对于他而言，27 年的全球投资生涯收获良多，但在海外大公司的成功从来就不是追求的终点。将全球顶尖机构的投资理念、思想和经验带回来，并为中国人投资全球市场创造长期可持续的优异回报，才是他所追求的最终目标。这个想法从萌芽到实现，丁晓方一路走来坚定扎实，一步一个脚印。

　　私募行业机构众多，竞争激烈，方瀛如何另辟蹊径？从成立之初的千万元到突破百亿元人民币的规模，方瀛走出了一条专注基本面长线投资、不收业绩提成并只做多不做空（long only）的特色之路。毫无疑问，方瀛七年来投资业绩十分突出，现已吸引了众多海外高质量投资者，包括欧美养老金、大学捐赠基金和主权基金。**丁晓方给方瀛的定位是：第一，以全球的视野，深入调研分析，把握市场机会，践行长线投资理念；第二，以为投资者持续创造价值为共同目标，以优秀团队员工共同拥有股份并创造股东价值为组织治理架构，并以良好的企业文化吸引人才不断创造优异业绩，确保公司可持续发展。这是方瀛深耕细作的准则，也是方瀛始终坚守的长线投资和经营的理念。**

求学时代，前瞻思维下的冒险

　　做投资近 30 年，丁晓方自嘲是一位行业"老人"。他高中就读于北京四中，学生时代是个"非典型"的好学生。不同于大多数出身于北京干部家庭有优越感的同龄人，在 1980 年本可以报考北大、清华的他选择了中国科技大学。在那个年代，能读大学是一件极为不易而幸运的事，而他也早早地意识到了，这样的幸运需要把握。他喜欢观察和思考社会与经济问题，每年寒暑假都去各地旅行包括到大别山考察，这也帮助了他一毕业就进入国家计划委员会（现在的发改委）。

　　在丁晓方看来，不是什么人都适合做投资，而一个人的投资天分，一部分源于与生俱来的独立和逆向思维能力，另一部分则来自敢于冒险并抓住机会的能力。除了独立思考能力，丁晓方早早就展现出与众不同的判断力、前瞻眼光和承担风险的能力。出于对中国未来发展的思考以及对自我的认知，大学期间当大多数人都还沉浸在 80 年代科学春天的氛围里，他果断从学习地球空间物理转到了管理科学，而那时有勇气选择管理科学的人屈指可数。

如果说具备投资灵感是做好投资的基本素质之一，那么丁晓方这一灵感的早期发现和培养，或许起源和得益于毕业后在国家计委的工作经历。伴随着改革开放，丁晓方经历了中国经济发展从计划经济向市场经济转型最为精彩跌宕的五年，一直到 1990 年。在他看来，这段经历不仅启蒙了他对中国经济的整体认知，也使他对宏观经济从政策到运行有了更深的理解，为后来研究中国经济，及从事资本市场投资提供了巨大的帮助，受益良多。

丁晓方的独立思考与前瞻眼光并非只是如此。在他看来，时代赋予了这么多机会，剩下的就取决于自己能不能抓住。正如星巴克总裁霍华德·舒尔茨在《将心注入》一书中所谈到的那样："这是我的时刻，如果我不抓住这个机会，如果我不走出这个舒适的安乐窝去承担风险……我的时刻就会过去。" 90 年代初，他果断选择了从计委辞职，踏上了新的人生征程，前往美国求学攻读 MBA。在那个年代，读 MBA 没有奖学金，就业前景也不明朗，属于高风险投资。很少有中国留学生敢于冒险去自费求学，因为这需要承担很高的经济、事业以及前途风险。

初入纽约基金公司，师从长线投资引路人

"我一直认为，做投资的早期需要走对路子，而走对路子需要一个好

的引路人。"

1994 年从罗切斯特大学 MBA 毕业后，丁晓方有幸加入了纽约州的 Manning & Napier 基金公司，从此开启了投资生涯。在这里，他幸运地近距离接触到公司创始人和投资大家比尔·曼宁（Bill Manning）。作为他的第一位恩师，比尔常常教导他各种伟大的投资理念，并让他学习和实践各种投资策略达 4 年之久。这为丁晓方后来的成功投资奠定了扎实的基础。

丁晓方谈到一个印象深刻的案例。

1996 年，Manning & Napier 已经投资了十余只港股股票。有一天，比尔·曼宁走进投研会现场，突然向研究员们询问所投港股具体公司的情况，随后完整看了一遍投资案例。出于对这些上市公司质量的考量，以及优选有核心竞争力个股的投资策略，比尔否定了所有人的意见，果断做出卖掉所有其他港股的决定，只留下了一只股票，那就是上市近 30 年间涨了约 30 倍的青岛啤酒。

"这件事对我的影响特别大，后来我一直思考为什么比尔把所有其他的港股都卖掉了，只留下青岛啤酒。回头看，这是当时公司所投港股中唯一一个有全球品牌认知度的公司，也是唯一一个上市以来一直给投资者创造回报的股票，其他港股或早已不复存在或名落孙山。"

在比尔看来，投资不在多，而在精；好标的不看短期，而看长期。只有创立了强品牌，拥有强大核心竞争力的公司，才能可持续地为投资者创造回报，也才能称之为好公司。比尔的引路不仅帮助丁晓方在投资的早期就走对路子，也让他从投资策略与框架中学到了这些核心要素。为何有的公司可以存活 10 年甚至更久，而有的公司辉煌几年后便销声匿迹？作为投资者如何甄别好坏优劣，又如何提前做出判断？显然，学会挑选优质公司并长期投资是 Manning & Napier 教给丁晓方的第一课，也成为方瀛如今做好投资的基础策略之一。

方瀛的投资研究格外强调行业分析。首先深入研究行业过去的变化规律和竞争格局，再判断未来的发展趋势，最后再对公司做深入分析，研判谁可能成为这个行业内的长线赢家。

在投资选股时，方瀛会以 3~5 年的视角，寻找业绩增长置信度最高的企业。按"护城河"强弱对各公司进行分类，先看增长置信度，再看股价估值，找到持续具有核心优势的公司，且尽可能在早期进行发掘并投资。

伟大的投资者都有一个共性：永远看未来，看长远。丁晓方说，比尔很少和他人讨论过去甚至现在的世界变化，而是永远在思考未来 3~5 年将要产生的新技术、新趋势和新格局，永远在探寻未来 5 年甚至 10 年世界的变化。他从不关心某家公司这个季度挣了多少钱，下个季度或下半年会挣多少钱。这样的长线思维模式深度影响了丁晓方，塑造了他日后成为一个真正的长线投资者的本色，而这也成为方瀛的基本思维框架和长线投资体系的主要组成部分。

怡富之行：感知市场气质，深入草根调研

《巴菲特投资微语录》一书中有这样一句话："有些人一生都在沉迷于'猜顶和探底'的游戏，但事实证明，这是一个不可能完成的任务。"

"猜顶和探底"不是件容易的事，也并非方瀛参与市场的方式，但感知市场的能力却是任何时候都不可或缺的。正如丁晓方所说："每一次市场大跌，都是调整组合便宜买入优质公司的契机。"

1998 年初，丁晓方从美国回到香港，加入了怡富资产管理公司，管理当时全球最大的中国基金长达四年。与美国成熟市场的长线投资风格不同的是，新兴市场的变化更大，投资风险也更大，这导致很多股票的持有时间相对较短，市场交易量相对较高。这对投资者的市场感悟力、市场认知程度以及短线操作能力提出了更高的要求。

用丁晓方的话来说，在怡富的历练让他对市场涨跌有了自己的感悟和理解，学会了认识市场的气质，即投资不仅要选对公司，也要理解市场周期变化规律。长线投资不仅是一个长期拥有的概念，也需要投资者把握市场的短期气质和变化规律，这样可以更好地规避下行风险，抓住长期机会。

在怡富工作期间，丁晓方将在美国所学的核心竞争力分析与贴近市场的草根调研相结合。在他看来，相比于来自卖方的研究报告，一线的调研不仅能了解实体经济的真实情况，更可以了解行业和公司的真实信息，最重要的是可以提前发现投资机会。只有身体力行地观察和体会，才会更加真实可信，更好地做正确决策。

1998 年，在香港上市的内地公司还不是很多，而作为为数不多的优质标的之一的联想刚从中科院独立出来，还进行了股权改造。为了研究联想，丁晓方背上背包到全国各地实地调研。无论在成都、杭州、昆明，还是北京、上海，最后丁晓方都发现了一个非常普遍的现象，大部分电脑消费者都选择购买联想电脑，而很少购买其他品牌。当时他就意识到联想电脑的市场份额未来大概率还会翻倍，而联想的股价在 2 元的低价位大幅波动，是一个具有长期增长潜力的价值股。调研结束回到香港，丁晓方异常兴奋到几乎夜不能寐。按他的预测，股价有从 2 元涨到 100 元的机会，值得长线投资。

"当然股价最终没能涨到 100 元，但是涨到了 70 元，35 倍的回报对我来说已经是非常好了，这对基金的贡献也非常了得。我也在这个过程中学习到，短期股价波动正是为买入优质公司长期投资创造了机会。"

在怡富管理基金期间，丁晓方的投资造诣在两个层面得到了提升：**一是感知市场脉搏；二是将长期专注基本面与短期市场波动相结合。**回看怡富时期相关新兴市场的基金经理，大多和当下国内盛行的"明星制"管理模式一样，一个基金经理管理一个产品，产品业绩的好坏直接关系到基金经理的排名。那一段时间香港市场常常大起大落，股票以短期炒作为主，可以长期持有的寥若晨星，所以基金经理必须沉着应对，降低波动风险。铅华褪尽留本色，大浪淘沙始见金。对丁晓方而言，怡富五载锻炼了他对市场波动的快速适应能力，也提升了短线操作能力，特别是认识市场波动和规避风险的能力。

丁晓方认识到，早期投资中国还需要对中国经济发展阶段有深刻的理解，同时对此背景下公司的核心竞争力要有客观的认识，也就是常说的基本面研究。 20 世纪 90 年代，由于产权制度改革还没有到位，大多数企业都还是国有企业机制，故很难找到能够长期创造持续回报的公司，很多股票也缺乏投资的价值。而今天，民营企业不断崛起，上市公司的质量不断提升，基金经理可以在市场上挑选出好的长线投资标的，这与 20 年前差别很大。

资本集团的 12 年：更广阔的全球视野，更长远的投资格局

丁晓方感叹："MBA 毕业后，我非常幸运能够先后在三家享誉全球的

伟大基金公司工作，并且是三家不同类型的基金公司，这让我学习到不同的投资风格、文化和策略，也让我能够比较和吸取它们各自的优点。"

在资本集团的 12 年，可以说是丁晓方收获最大的一段投资经历，也奠定了其全球视野的行业研究基础和长远的投资格局。直到今日，回忆起在资本集团的所见所学，丁晓方仍是感慨万千。和一批有着伟大理念、全球视野的顶级基金经理共事投资全球市场，是一段非常美妙而获益无穷的经历。对于丁晓方来说，如果在怡富投资做基金经理像是在大江大湖中泛舟，在各种风浪中摸索前行驶向成功的彼岸，那么在资本集团的投资历程就仿佛是驾驭一艘巨轮驶入真正的大海，躲避着惊涛骇浪甚至冰山和暗礁，在资本的海洋中了解投资的真谛，探索投资的奥秘。

方瀛内部有一句常说的话："投资必须懂中国，也要懂世界。"

私募行业机构众多，但每家都有自己的特色以及发展之道。有的专注在 A 股乘风破浪，有的擅长在全球市场寻找机会。**成立至今，全球视野一直是方瀛的优势所在**。丁晓方要求方瀛所有的研究员不仅要深入了解中国，同时要对全球产业链和世界经济有深刻认知，还要具备投资全球市场的能力。

"作为一家以投资中国为主的公司，我经常要求团队，投资中国必须要懂世界，因为中国经济和世界经济紧密相连。不懂世界，就无法真正做好中国投资。"

以苹果产业链为例。从上游到中游有美国、欧洲、日本、韩国和中国台湾等多个国家和地区参与，盈利贡献占到 98%，而处于下游的中国富士康加工环节只占到盈利的 2%。可以看到，过去 15 年富士康的股价跌了90%，而终端苹果的股价则涨了 15 倍。如果不懂全球的产业链，将买苹果

投资必须懂中国

也要懂世界

与买中国相关个股等同起来，无论是评估业绩增长，还是评估移动时代的需求增长，视野都是不全面的。此外，对全球的不理解也会导致投资者买在错误的地方。

在产业链上，需要辨别真正有核心优势与竞争力，能够持续创造价值的公司。不但要看出行业未来长期发展的趋势，更要选出行业内的长线赢家，才能持续创造优异的投资回报。就像在苹果的产业链中，长期占领半导体最核心价值中枢的公司才最值得投资。

方瀛严谨的投资纪律，长线投资的理念，稳扎稳打的风格，公司文化和制度建设，都深受资本集团的影响。刚进入资本集团时，丁晓方并没有直接参与投资，而是先从行业分析和研究投资规律做起，这是资本集团的惯例，目的是为后续的投资打好研究基础，扩展研究维度，加强研究深度。此外，资本集团的多重基金经理组合制度使得每个人的风格得到最大限度的发挥，专业协作融合，深度投研信息共享，随着时间推移超额业绩显著。

对丁晓方而言，在资本集团的 12 年是真正对长线投资理念的实践。有不少投资者都标榜自己做基本面价值投资和长线投资，但真正不为短期概念和时髦故事所左右，不炒作而保持低换手率，践行真正的基本面长线投资的却是寥寥无几。资本集团的根本目标在于为投资者提供最佳的投资服务，持续创造优异的回报，以长期发展和长期业绩为制度建设的目标。

方瀛时代：三段投资的总结与延续

如果用一句话来形容丁晓方，那便是：既做投资者，又做企业家。方瀛阶段，他不仅是基金经理，还是管理者。一方面继续管理基金，另一方面建立高质量的投研体系和文化，培养优秀的分析师和基金经理。

成立6年来，方瀛低调成长，似乎没有太多博人眼球的故事。相比于那些动辄一年翻倍的私募业绩，稳步上移的净值曲线似乎没有太多的惊心动魄，同时严格控制波动率，特别是下行风险。从方瀛的历史业绩以及只收管理费不收业绩提成的运营模式来看，丁晓方显然不想走传统私募的老路，而是自始至终把投资者的利益最大化放在首位，一步一个脚印创造持续稳定而长期的优异业绩。

在这个世界上，有不少人都想着"一夜暴富"。据说亚马逊的CEO贝索斯早年曾经给巴菲特打电话："你的投资体系这么简单，为什么你是全世界第二富有的人，别人不做和你一样的事情？"巴菲特回答道："因为没有人愿意慢慢变富。"

同样，**方瀛的出发点从来不是赚快钱，不以短期个人致富和公司盈利增长为目标。与资本集团的理念一样，方瀛在投资中格外强调"长线"。**在丁晓方看来，国内很多基金强调自己是做基本面长期投资，但一看换手率就知道言行不一。方瀛的换手率远低于业内平均，且基金的平均持股期超过3年，这些都印证了其长线投资策略。根据好买基金研究中心的数据，方瀛旗舰产品成立于2015年牛市顶点，之后经历了股市三轮大起大落，截至2021年7月底仍有15%以上的正年化收益，超过基准指数MSCI中国达12%之多。而在2020年新冠肺炎疫情影响下，全年最大月回撤不到6%。整体来看，这样持续不断地为投资者创造优异的长期回报，提供良好持有体验的海外私募基金产品并不多。

丁晓方很认同巴菲特的一句名言："如果你不愿意持有一只股票10

年，那么你连 10 分钟都不要持有。"他也曾有感而发："**当我们把关注点放在长期的时候，常常能够把短期的事情看对；而当我们把关注点放在短期的时候，不仅看不到长期，短期也常常看错。这不是在讲一个哲学概念，而是我做投资 27 年的经验总结。**"

方瀛有着怎样的投资哲学？

第一是强调长期，即长期视野主导短期行为。资本集团在评价一个研究员或者基金经理的投资业绩的时候是按 1 年、4 年和 8 年的超额业绩来衡量，并按此来分配奖金，这就从制度上让每个研究员或者基金经理保持长期思维和长线投资。而方瀛在此基础上结合中国经济整体发展速度较快的特点，采用的是 1 年、3 年、5 年的维度来评价研究员和基金经理的业绩，并以此来决定升迁和奖金收入分配。在 20 多年的投资生涯里，丁晓方经历了 8 个市场周期，从一个长线的时间角度来看，每一次短期下跌都为长期投资创造了美妙的机会。相较于市场波动，方瀛更关注公司的基本面和可持续的盈利能力。

从北京到纽约，再从纽约到香港，最后立足全球，创立方瀛，丁晓方有着非常成熟的投资理念和投资策略，也经受了多个不同周期市场的考验。方瀛的投资理念传承了长线思维，围绕着"长期"制定了一个环环相扣的管理激励体系，组织与个人利益相互统一，形成正反馈，同时具有强大的自驱力。

第二是强调基本面研究，深耕行业，多策略选股。方瀛在股票选择上有三大策略，一是竞争优势策略，一个行业中可能有三四十家公司，但竞争优势强的或许只有五六家，其余的都会逐步地消亡，那么方瀛要做的就是找到这种具有核心优势的公司，且最好在一个行业整合的早期就把优胜的公司选出来。二是价值策略，通过现金流算法以及净资产算法，寻找股价比内在价值低 50%～60%的公司买入，在价格上涨接近价值时卖出。三是重组策略，分为演变式重组和革命性重组两种。演变式重组就是公司管理层或内部资产的重组，革命性重组则涉及公司业务的巨大变化。在重组之后，评判各类重组对公司价值的影响。

方瀛如何构建优秀的投研团队？

与很多私募机构不同的是，方瀛自始至终都希望打造一个优秀基金管理人并肩作战的整体。资本集团强大的团队协作让丁晓方看到了整体的力量，可持续的优异业绩一定是一群优异的人共同协作的结果。

方瀛的工作氛围也被诸多研究员所称赞。尽管工作内容有一定的独立性，但同事间的互相帮助体现在方方面面。无论是平时的观点分享，还是背包调研时帮忙留意其他小伙伴所覆盖的行业的变化。过去三年，方瀛的团队人员流失率为 0，团队规模稳定增长。

"我始终觉得自己是一个'笨人'，公司也是一家'笨公司'，只想通过踏实做研究、认真选好股来做好投资。只有真正为投资者实现了财富增值，公司才能可持续发展，也一定能够发展得很好。"

方瀛投资团队成员

- 方瀛是一家从事股票长线投资的基金管理公司，专注于发掘由中国转型和增长所产生的全球长线投资机会。

- 方瀛的投研团队均为行业专家，由资深基金经理丁晓方领衔，拥有多年全球市场投资经验，每一位分析师和基金经理均拥有全球投资的知识和视野，对中国经济和市场有深入的认知。

- 丁晓方曾在全球三大顶级资产管理公司担任分析师和基金经理，历经八大资本市场周期的考验，持续创造优异投资回报。

- 在 2017 年和 2018 年海外基金金牛奖的评选中，方瀛蝉联一年期多头策略类最佳私募管理公司和基金经理两项大奖；在 2019 年海外基金金牛奖的评选中获得三年期多头策略类最佳私募管理公司和基金经理两项大奖。从 2018 年开始，方瀛连续四年荣膺亚洲专业财经杂志《财资》"年度资产管理公司大奖"。 2022 年方瀛荣膺权威资产管理杂志《亚洲资产管理》"大中华区股票五年最佳业绩大奖"。

用长期视野主导短期行为，

在长短期之间找到平衡

访谈时间：2021 年 9 月

投资是不断进化的过程

好买：您毕业于中国科技大学物理专业，出于怎样的考虑改变了方向？

丁晓方：我出生于20世纪60年代，求学于80年代，回首这一路，很感慨中国社会在这期间变化之大，从计划经济走向改革开放。**关于早期的人生道路选择，我觉得一部分源于直觉判断和选择，一部分源于时代。**

直觉判断得益于自身的独立思考能力和一定的前瞻眼光。和中科大众多超高智商的同学相比我属于比较笨的一类人，常常与他们的想法相左。大学期间，出于对经济和社会的兴趣，冥冥中感觉到改革开放的大时代即将到来，就毅然决定转学了管理专业。而时代恩赐的部分，是从中国科技大学毕业后有幸进入了当时中国经济最权威的管理部门——国家计划委员会。在国家计委期间，曾参与了第一个中国宏观计量经济模型的建立，这帮助我对中国的宏观经济运作规律有了一个初步的认识。

好买：在国家计委的工作经历对您来说是一个重要的转折点？

丁晓方：从投资的角度来看，在国家计委工作的经历是我认识和研究中国经济和体制改革的开始；从理解社会变化的角度来看，这段启蒙经历让我更好地理解了市场如何变化，各个行业如何发展，对宏观经济也有了更深的认识。总的来说，我非常感激早期能够有幸在中国最权威的经济计划主管部门工作，这让我从一个刚刚毕业的懵懂大学生，成长为改革开放和经济发展的见证者与参与者，可以说是受益良多。

好买： 最终促使您走上投资道路的契机是什么？

丁晓方： 就像 80 年代在中科大抓住学习经济管理的机会一样，那个时代不断给我们很多好机会。90 年代初，我主动辞去了计委的工作，再次开启了新的人生旅程——去美国留学。我用在纽约打工的积蓄和发生车祸得到的保险赔偿金交了高昂的学费，进入罗彻斯特大学攻读 MBA。毕业后进入纽约州的 Manning & Napier 基金公司，并有幸遇到了我的第一位恩师和引路人——公司的创始人比尔·曼宁。从此开始了崭新的投资生涯。

好买： 能和我们分享一下这位投资引路人的故事吗？

丁晓方： 投资的早期需要找对自己的位置，而找对位置则需要一个好的引路人。就好比想在艺术或体育方面获得成功，都需要一个好的启蒙老师或教练。

从 MBA 毕业之后，我的第一份工作就遇到了比尔·曼宁，在投资的方法论和世界观的形成上，他无疑是我的第一位引路人。我印象最深的是比尔很少谈及过去和现在，也从来不会在乎某个公司这个季度挣了多少钱，下个季度会挣多少钱，而是永远在思考未来 5 年将要发生的事情，永远在寻找影响未来 5 年甚至 10 年的新技术、新变化和新格局。比尔的这种长期思维和长远眼光，对我早期形成的投资思维模式有着很深的影响，让我不断地思考未来和长远，帮助我成为一个真正的长线投资者。

好买： 这也是方瀛的长期投资思维，可以这么理解吗？

丁晓方： 对。在投资理念上，比尔·曼宁给了我早期的启蒙，不仅帮助我在学习投资的初始阶段找对自己的方向，也让我从他的投资策略、框架和思想中学到了一些核心要素。**那就是只有真正建设了强品牌，拥有核心竞争力并且可持续增长的公司，才能可持续地为投资者创造优异的回报**。在纽约的这几年，比尔带领我不断地思考未来，这后来也成为方瀛专注做长线投资的基本思路。

好买： 之后您从纽约来到香港，加入了怡富，而后又管理了当时最大的中国基金，这段职业经历的最大收获是什么？

丁晓方： 怡富是当时亚洲最大的基金公司之一，采用明星制基金运作模式，即每一位基金经理单独管理一个基金，基金的业绩每月每季每年都要进行排名，排名直接关系到基金经理是成名还是被淘汰。这样的竞争模式让我对投资的不同风格有了新的理解。

在美国做投资期间，主要的投资风格都是美式的长线投资，不会有过度的交易；而在怡富时期，需要面对新兴市场的风险变化，但当时可持续增长的好公司少之又少，这就对短线操作能力以及应对市场波动的能力提出了很高的要求。

在怡富的 5 年，我对市场涨跌慢慢有了自己的感悟和理解，也学会了认识市场的气质，即投资不仅要选对公司，也要理解市场周期变化规律。长线投资不仅是一个长期拥有的概念，也需要投资者懂得市场的短期变化，特别是控制波动性。

好买： 不同的职业阶段有着不同的感受，能否和我们分享在资本集团工作 12 年是一种怎样的体验？

丁晓方： 虽然离开了资本集团，但是那 12 年投资经历对我而言是一段难忘且投资视野、理念和实践极大升华的体验，也塑造和丰满了我的整体投资基因、风格和思维体系。我非常享受那段经历，不仅在于可以学到长期投资的理念，更重要的是能和一批有着全球视野的伟大投资家共事，向他们学习如何做好真正的长线投资，在全球资本市场中寻找投资机会，不断为投资者创造可持续的优异回报。我想，这也是资本集团被行业公认为最伟大的基金公司之一的主要原因。

好买： 在这段时间里，您的投资方法与理念有哪些更迭变化？

丁晓方： 我经常做一个比喻，如果把我之前在怡富做基金经理的经历比作在大江大湖里投资寻宝，那么在资本集团的整个投资历程就像在投资的海洋里航行，是一个在全球范围内不断寻找机会和创造回报的过程。

与伟大的投资家共事，除了学到团队协作外，还学到一个特别重要的特质，就是始终把投资者长期可持续的收益作为投资研究和公司经营唯一导向。如今，为投资者提供最优异的投资回报和投资服务，也是方瀛不断追寻的核心目标。

好买： 您觉得资本集团有哪些优质基因值得传承？

丁晓方： 我认为资本集团最核心的基因有四点，而这四点也是最值得我们传承和学习的。

第一是基本面研究。几乎所有的投资者都说自己是价值投资，又或者说是长线投资，但是真正能做到的人极少。而资本集团做得好的地方是，在文化、系统、制度设计等各个方面始终贯穿长期思维和长线投资。

比如，刚进入资本集团时每个人都要先从研究分析员做起。即使你曾经是明星基金经理，也不能马上直接参与投资，而是要踏踏实实先做两份行业深度研究报告，平均每份需花费 6 个月的时长。这些都为后续的投资打好了研究基础，直至第二年才开始真正意义上的投资。

第二是长线考核制度。资本集团对投资业绩的考核以1年、4年和8年为周期，且4年和8年的考核权重远远大于1年，通过长线考核制度鼓励员工长期思考。所以，我最兴奋的时候，往往都是股市大跌的时候，因为从4年、8年的时间周期来看，每一次市场的大跌无一例外都是买入的良机，可以更便宜地买入优质公司的股票。从长期角度看，业绩表现当然不会差。

方瀛也从制度设计上鼓励长线投资和长期创造优异回报。我们以1年、3年、5年为周期衡量每个人的业绩和贡献，以此鼓励研究员和投资经理不被短期的市场波动所影响，真正用长期的眼光去思考投资。

第三是多重基金经理组合管理。与怡富的明星制不同的是，资本集团采用多重基金经理组合制度，由3~5名基金经理共同管理一只基金，也会授予每个研究员部分投资的权限，这叫作"研究组合"。专业分工使得每个人的风格得到最佳发挥的同时又深度协作融合。这种不同风格的组合更能适应多变的市场周期。虽然短期内整体超额收益并不显著，但随着时间的推移，特别是以5年和10年的周期来看，你会发现业绩超额非常显著，几乎可以超越所有的基金。

第四是全球视野。除了基本的投资能力外，全球化背景下要想做好投资，必须要有全球视野。在资本集团的12年，是真正对全球投资理念的实践，在这期间我学会了如何用全球视野做好投资，也积累了很多产业链研究经验。而现在，这不仅仅是方瀛的要求，也是方瀛的核心竞争优势之一。

从吸引人才到文化建设，再到培养和鼓励员工做出伟大的投资决策，从系统到细节，资本集团几乎是行业内最出色的。

站在巨人肩上做投资

好买：您创立方瀛的初衷是什么？

丁晓方：我自己总结了三个原因。

第一是想为中国投资者实现财富增值。毕业后，我在三家全球伟大的基金公司工作过，20多年的投资生涯里，先后为美国人、英国人以及国外养老金管钱。因此在我心里，为国内普通中产阶层或者工薪阶层创造财富的想法越来越强烈，这是第一个初衷。

第二是想参与好公司的崛起之路，为投资者创造优异回报。资本集团的规模巨大，很多时候想要在某个好标的上做出亮眼业绩，是非常困难的一件事。比如早期我在投资腾讯的时候，腾讯的总市值才10亿美元左右，这个市值对于资本集团上万亿美元的资产来说根本不够投。因此即使当年腾讯是我投资组合里最看好的股票，也只能买入极为有限的比例，之后股票涨了5~10倍对动辄上千亿美元规模的基金来说其贡献几乎微不足道。可以说，规模成为业绩的敌人。

在最近20年里，中国不断有新的好公司成长起来，而我在资本集团即使投资了众多好公司也无法充分参与到创造10倍、20倍甚至100倍回报的过程中。这是我离开资本集团创立方瀛的第二个初衷。

第三是想把好的投资理念带回国内。在三家全球顶尖基金公司的工作经历让我成长为一位长线投资的基金经理，很多基本面研究理论、很多长线投资的方法都值得传递下去。如果能把它们带回国内，那将是一件很有意义的事情，不仅对投资者有所帮助，对整个市场长期投资文化的培养也会带来正面影响。

好买： 方瀛在运作期间遇到过哪些挑战？

丁晓方： 从成立的第一天起，方瀛关注的核心就是为投资者创造回报，但真正把理念转为实践却是一件非常困难的事。我在资本集团的时候，管理资产的心态比较放松，因为业绩是按照长期维度来衡量的，美国养老金投资人的需求和大多数个人投资者不一样，会用更长期的眼光看待涨跌。而方瀛早期的投资主体大多是个人，因此短期的业绩压力较为明显。

在我看来，早期成立阶段几乎不能犯任何致命性错误，必须如履薄冰、兢兢业业地去做每一件事情。而之后的阶段，挑战更多来自团队建设。很多基金公司都是核心人员在单打独斗，不是一个系统。而我觉得一**家优秀的、可持续创造优异回报的基金公司，一定是一群能人持续合作的结果。**

好买： 您如何看待团队作战的重要性？

丁晓方： 基金公司中每个能人都有自己的亮点和特点，而能够吸引一群能人一起长期共事，是一件比较困难的事情。**从成立的第一天起，方瀛就有个"不挣快钱"的原则，那时候我就在思考如何真正吸引到志同道合的人才。** 我们的人才主要分两类：一是创造投资业绩的，二是为公司发展做出突出贡献的。而方瀛的核心管理团队还有另外一个要求，那就是帮助他人和团队成长进步。以上三项都是我们对管理和研究团队的要求，无论是分股份还是分红，都会向这些方面倾斜。随着越来越多的优秀员工变成股东，整个公司的未来发展目标逐渐变成核心管理层和投研人员共同的目标。正是这么一批不计较短期回报、愿意承担风险、共同创造长期优异业绩的团队成员，最终奠定了方瀛成功的基础。

好买： 方瀛想打造一支怎样的团队？

丁晓方： 方瀛从 2000 万美元发展到目前将近上百亿元人民币的规模，这个过程中投资的理念、想法、目标等因素都很重要。首先，一家公司的成功离不开时代背景，改革开放以来中国向全球化迈进，无论是贸易的开放，还是全球经济体系的融合，可以说方瀛都赶上了一个大发展的时代。

其次长期创造持续的价值是一家公司得以不断发展的根本，团队成员间的互相帮助以及团队整体的进步不容忽视。这就要求我们必须找到一批志同道合、认可基本面研究，且有着长期投资理念的人才，一起为共同的目标迈进。

方瀛是一家公司，更是一个大家庭，是一个高度认同长期理念，有创业和创新文化，以持续创造投资价值为目标的共同体。

好买： 在挑选研究员时，方瀛比较看重什么？

丁晓方： 在投资行业，人才极为重要。找到真正聪明的研究员并非易事，而投资所指的聪明，又和通常所说的聪明不太一样。在 20 多年的投资生涯里，我对投资的要点做了总结，经验告诉我，投资需要"3+3"，一个是"三心"，一个是"三思"。在人才的挑选上，亦可参考这个原则。

"三心"第一是虚心，资本市场比聪明人还要聪明百倍，因此对资本市场要抱有敬畏之心；**第二是耐心**，在投资的过程中，要抵得住市场的诱惑，经得起市场的考验；**第三则是恒心**，以长期的视角去看待短期的变化，持之以恒，静候花开。

"三思"则包括批判性思维、独立思维以及逆向思维。投资不仅是一门学问，更是一门艺术，艺术则需要敏锐的直觉和与众不同的认知能力。关于"三思"说易行难，例如大多数人都没有独立思维能力，市场上跟风炒作的情况依旧屡见不鲜。

所以在挑选投资人才的时候，认同方瀛的理念只是一个方面，真正具有这三种思维能力才是关键。在这些特质中，虚心与耐心可以通过后天培养，而独立思维、逆向思维的能力更多是与生俱来的。这些选择中的难点，或许正是投资行业的魅力所在。

好买： 国际化视野是不是团队内部一个硬性的要求呢？

丁晓方： 我一直觉得投资是一门艺术。除了前面所说的"三心""三思"，我认为做好投资还应具备两点。

第一，了解中国，尽管这是非常不容易的。早在资本集团工作的时候，我就提出过一个观点——你必须懂中国，才能投资世界。后来这也成为我培养投研团队时常说的一句话。实际上，真正能够看懂中国的中国投资人也是凤毛麟角。

第二，对西方投资理念和方法有深入了解。投资的概念源于西方，对其理念及根源的深入了解，是做好任何市场投资的基础。所以方瀛的研究员既要懂中国，也要懂全球资本市场，除了有中国的教育和工作背景外，同时也应具备海外学习和工作的经验，这样才能够对全球产业链和世界经济有一个初步认知，逐步提升全球投资的能力。

这不仅是方瀛对团队的要求，也是方瀛的核心竞争优势之一。

对"长线"的理解与信仰

好买：您觉得什么样的公司值得投资?

丁晓方：很多时候选公司其实没有唯一标准，我总说选公司就像选美一样，每个人眼光不同，可能会存在"各花入各眼"的情况。有的人是价值投资型的，有的人是增长投资型的；有人乐意选择一些冷门标的，也有人习惯选择一些大众标的；有人选择大白马，有人选择潜力股。我觉得并没有严格意义上的标准，我选择公司主要依据三大投资策略。

第一个是竞争优势策略。筛选标的需要关注核心竞争力，主要看公司有没有真正的有差异化的产品或者服务，能不能不断地提升其市场地位，从而创造可持续的优异回报。

第二个是价值策略。从现金流或净资产的角度分析公司价值，寻找与实际价值相比有深度折价的公司，特别是在熊市中会有很多这样的公司。

第三个是重组策略。很多公司都是从小到大，在市场中不断发展，通常也会不断重组改变。其中一种叫演变式重组，另一种叫革命性重组。演变式重组就是公司管理层或内部资产的重组，革命性重组则涉及公司业务的巨大变化。在重组之后，我们会评判各类重组对公司价值的影响。

好买：可以理解成选股时首先看置信度，其次看估值?

丁晓方：是这样。在投资选股时，方瀛会以 3~5 年的视角，寻找业绩增长置信度最高的企业。按照"护城河"强弱对各公司进行分类，先看增长置信度，再看股价估值，不断优化持股组合。在组合构建上又分为强壁垒和弱壁垒，这里的壁垒取决于盈利的质量、回报的可持续性、现金流的创造能力以及回馈股东的能力。

好买：您怎么看待投资中的行业分析?

丁晓方：三大策略的基础，我认为有一点至关重要，那就是要以深入的行业分析为出发点。我们对每一个行业都需要做深入研究，包括行业存在的主要问题、未来的发展趋势，以及谁可能会是这个行业内的长线赢家。在方瀛，每个新入职的研究员都要经过 5~6 个月的行业磨炼，用最高的标准深入不同行业、公司和市场去调研，用投资策略加上行业分析，精挑细选，最终研判行业未来真正的赢家。

站在今天的时点，不少行业都会产生伟大的公司，而现存伟大的公司还会继续增长。从投资的角度来说，现在正是挖掘好行业好公司的时候。

好买：您觉得怎样的调研对方瀛来说是真正有用的?

丁晓方：身处信息爆炸的自媒体时代，各种数据满天飞，但可以这么说，其中 95% 以上的都毫无意义，所以我不建议大家去看这些东西。有两句话精辟地描述了股票市场，第一句是"大众往往都是错的"，第二句是"市场往往都是对的"，讲的就是这个道理。所以我们只做第一手的，也就是最直接最真实的调研。研究员必须进行行业数据采集和分析，包括拜访专家，到市场中进行草根调研，到公司进行实地勘察，了解行业内的竞争对手，以及它的上下游关系，最后利用模型分析未来的发展趋势。这是一套完整的自主调研流程。

这样得出的数据是最真实的，也最有利于做出正确判断。例如想要判断一家公司是否持续地盈利增长，就要分析它是否创造了持续的自由现金流，同时还要看它分不分红。有勇气分红从侧面证明了现金流较为充裕，同时也印证了公司对未来的发展有信心，且用实际行动来回馈股东。

好买： 怎样看待投资中的犯错？

丁晓方： 投资中，没有人能做到不犯错误，股神巴菲特也不例外。但有两种错误应尽量避免。

第一是不能犯致命性错误，也就是常说的不能"踩到雷"。大家都知道，如果一只股票跌了 30%，可能要上涨 43% 才能涨回到原来的水平；如果跌了 40%，就要上涨 67% 才能涨回到原来的水平；而如果跌了 50%，那就需要上涨 100% 才能回到原来的水平。**所以如果跌了 70% 以上，在我看来就是致命性的错误。做投资即使犯错误，也要避免犯这样的错误。我们常说基金能否有效控制下行风险，是其能否长期跑赢竞争对手的核心。基金能够长期创造优异业绩的关键往往不在于牛市里有多牛，而在于熊市里有多抗跌。**

第二是尽量不犯同样的错误，这句话说易行难。做投资 20 多年，我发现一个特别有趣的现象：一旦一个基金经理犯了某个错误，那么他大概率会一而再，再而三地犯同样的错误。因为**在资本市场中想清楚地认识自己是很难的，大多数人看不到自身的短板或缺陷，因此会不断地犯同样的错误。当然有少部分基金经理能够认识到自己的弱点，但能够虚心总结经验，有能力有勇气改变并不断进步的人，始终是极少数。**

在投资过程中我们都会犯错误，但是不犯同样的错误、不犯致命的错误，是基金经理必须具备的两个重要特质。

好买： 方瀛如何平衡短期的风险与长期的投资机会？

丁晓方： 一个基金经理通常有三种创造价值的途径。第一是选股，第二是择时，第三则是基金组合的改变，也就是配置。在方瀛看来选股是一个长期的概念，选择一只股票，敢拿且拿得住，不止 3 年或 5 年，这是一个长期的理念和视野。同时还要控制短期的下行风险，控制净值波动，也就是前面所说的不能"踩到雷"。

投资从来不是科学而是一门艺术，取决于经验，更取决于灵感，这往往体现为择时水平的高低，即能不能在关键时刻为投资者做出正确的决策。 2021 年初，我们看好周期股的上涨趋势，买入了相当一部分的周期性股票，卖掉了部分互联网相关股票，你可以认为这是一个基金组合的概念，同时又是一个择时的概念，这是控制和调节长短期的一个关键。

但对于那些长期看好的个股，我们一个都没有卖。关注长期，那么短期往往也会有更大的信心，就像当年选择的联想最后涨了 30 多倍，早年选择的腾讯最后涨了 500 倍一样。**用长期的视野来主导短期的行为，在长短期之间找到平衡。在我多年的投资生涯里，经历了 8 个市场周期，从一个长线的时间角度来看，每一次短期下跌都给长期投资创造了美妙的机会。但我们在强调长期的同时，也要看到短期的风险，这正是市场的经验。**

好买： 方瀛没有参照私募的做法收取业绩提成，这背后是如何考虑的？

丁晓方： 从公司成立第一天起，就有很多同行问我为什么不收业绩提成，包括团队内部也有质疑的声音。我认为投资没有绝对的好坏对错，关键在于挣什么钱，"长钱"还是"快钱"。在我看来，很多费前业绩优秀的基金，在收取业绩提成之后，基金业绩大多跑不赢指数。实际上，这是在给自己赚大钱赚快钱，而不是真正给投资者赚钱。

这就涉及一个问题，到底是将投资者的利益最大化放在第一位，还是将自己短期的利益最大化放在第一位？方瀛发展到今天，所有早期的想法都得到了印证，挣"快钱"往往是不成功的，只有挣"长钱"才能实现共赢。一路走来，大多数投资者一直坚持投资方瀛基金就是对我们做法的最大认可。

出于客观的自我认知，我始终觉得自己是一个"笨人"，公司也是一家"笨公司"，我们没有能力也无法预测市场的涨跌，不可能把长期投资的钱和短期做空的钱都给赚了。我们只想通过踏实做研究、认真选好股来做好长期投资。

总而言之，只有真正为投资者实现了财富增值，公司才能可持续发展，也一定能够发展得很好。

好买：您觉得未来全球最好的市场在哪里？

丁晓方：随着改革开放的不断深入，我们可以说中国市场是未来5年、10年最好的投资机会所在。但我觉得去判断哪个市场最好，意义不是特别大，最重要的是在每个领域里选出能够可持续增长的伟大公司，这才是核心所在。

好买：方瀛如何迎接市场变化带来的挑战？

丁晓方：我相信这个市场存在各种机会，各个行业也都会涌现出伟大的公司。方瀛的研究员几乎覆盖所有的行业，不断挖掘其中的投资机会，力争为投资者持续创造优异的回报。同时方瀛不会因为追求某一个机会而限制自身的发展空间，对中国的深入研究和认识，结合全球视野和长线投资将会是我们长期的优势，在此基础上脚踏实地、厚积薄发，迎接市场变化带来的挑战。

丁晓方投资金句
QUOTATION

❶　伟大的投资者都有一个共性：永远看未来，看长远。思考未来 5 年将要产生的新技术、新趋势和新格局，寻找未来 5 年、10 年的世界变化，这样的长期思维，有助于成为一个真正的长线投资者。

❷　真正的好公司只有建设了强品牌，拥有强大的核心竞争力，才能可持续地为投资者创造回报。

❸　投资不仅要选对公司，也要理解市场周期变化规律和市场气质。长线投资不仅是一个长期拥有的概念，也需要投资者把握市场的短期气质和变化规律，这样可以更好地规避下行风险，抓住长期机会。

❹　长期投资从来就不是一个基金经理的"单打独斗"，一家伟大的基金公司，一定是一群投资能人共同合作、持续创造优异回报的结果。

❺　投资中，没有人能做到不犯错误，但有两种错误应尽量避免：第一是不能犯致命性错误，也就是常说的不能"踩到雷"；第二是尽量不犯同样的错误。

❻　投资从来不是科学而是一门艺术，取决于经验，更取决于灵感，这往往体现为择时水平的高低，即能不能在关键时刻为投资者做出正确的

决策。

❼　当我们把关注点放在长期的时候，常常能够把短期的事情看对；而当我们把关注点放在短期的时候，不仅看不到长期，短期也常常看错。

❽　用长期的视野来主导短期的行为，在长短期之间找到平衡。

❾　投资没有绝对的好坏对错，关键在于挣什么钱，"长钱"还是"快钱"。

❿　只有真正为投资者实现了财富增值，公司才能可持续地发展，也一定能够发展得很好。

初见梁力，学者的气息扑面而来，谈吐之间，可见其专注平和的投资心态。券商时期成长于兴业，私募时期沉淀于宽远，拾级而上，稳扎稳打。

私募江湖，龙争虎斗。梁力坦言，投资始终无法赚到所有的钱，只能赚"看得懂"的钱。在嘈杂的市场中，他更偏爱用淡然的心态，做纯粹的研究。

在梁力看来，很难系统性地把市场所有机会都找出来，更多是一个点一个点地研究，多点亮一个火炬，就能多看清一点周围，积累得足够多，对全局就有更完整的理解。

宽远资产　梁力

做正确的事，
赚"看得懂"的钱

梁力
宽远资产　创始合伙人、副总经理、研究总监

- 拥有超 11 年股票市场投资研究经验。
- 历任兴业证券资产管理分公司研究员、投资经理，是兴业证券投研体系内成长速度最快的优秀投资经理之一。
- 善于透过竞争格局挖掘成长性高、确定性强、估值相对合理的个股，对于行业和公司研究有独到的见解。

在与梁力的交谈中，提到最多的词是"公司"。包括看公司的角度，对好公司的定义，剖析公司的发展变化，甄别公司未来的风险与机会，等等。在梁力看来，找到好的企业就等于抓住了投资的核心，深入研究后就能更准确、更前瞻地把握时机。打有准备的仗，努力才不会白费。

这样的投资方法论并非纸上谈兵。个人投资时期，梁力就通过研究企业的方式参与市场，沿着基本面的道路寻找优秀公司。而到了管理基金时期，对企业价值的分析与跟踪就更为紧密，对商业模式及竞争优势的判断帮助他挖掘了不少好的标的。

初见梁力，学者的气息扑面而来，谈吐之间，可见其专注平和的投资心态。券商时期成长于兴业，私募时期沉淀于宽远，拾级而上，稳扎稳打。

2010年，在实习时被当时的兴业资管总经理兼投资总监徐京德相中，研究生毕业之后加入兴业资管。从研究员做起的梁力，快速地完成了行业的研究与覆盖，一年后顺利担任专户基金经理，创下公司最快纪录。尽管同期市场下跌，专户时期业绩表现依旧亮眼。

2014年奔私浪潮再起，梁力跟随徐京德转战私募，创立宽远资产。而后几年里经历了2015年的股灾、2016年的熔断、2018年的全面下跌，以及2021年的结构性行情，这无异于重重关卡。然而产品业绩却节节攀升，几年下来收益大幅跑赢市场，且回撤控制得当。宽远的规模已突破百亿元，逐步进入更多投资者的视野。

在当下这个基金投资火热的时代，百亿私募的行列越发壮大。对于宽远而言，规模是水到渠成的结果，真正的价值创造还是超额回报。如果没有超额回报，再大的规模实际上都无法创造价值。当然前提是承担有限的风险，这样的超额回报才是可持续的。

巴菲特有句名言："如果没有十足的把握，我不会轻举妄动。"投资中，梁力是一个十分理性的人，不会跟风市场的炒作，也不会沉醉于市场的持续疯狂，对企业估值、安全边际以及长期差异化的竞争能力，都有着较为严苛的要求。

私募江湖，龙争虎斗。梁力坦言，投资始终无法赚到所有的钱，只能赚"看得懂"的钱。在嘈杂的市场中，他更偏爱用淡然的心态，做纯粹的研究。深耕个股的优秀团队，多年共事形成一致的投研风格，帮助宽远在私募的道路上越走越宽，越行越远。

做好个股研究，赚"看得懂"的钱

古罗马著名的哲学家爱比克泰德曾说过："在生活中，一些事情是我们能控制的，一些事情是我们不能控制的。所以就需要一种理性的能力，让我们既能思考自我又能思考万物。"

延伸到投资，不少基金经理或许都被问及一个问题，是选择能力圈外的更多可能性，还是能力圈内的更多确定性？

不同的人对于能力圈的理解和运用是有差异的。在梁力看来，对预测未来要抱有敬畏之心，决定企业未来的要素很多，有很多未知的要素在起作用。投资要诚实面对自己的能力圈，在少数我们可以理解和判断未来的商业模式中，通过极为深入的公司研究获得超越市场的理解，才能期望创造超额回报。

然而，最大的困难在于，怎样才能抵挡住圈外利润的诱惑？

　　例如 2015 年上半年，中小创业板炒作氛围浓厚，纯粹的炒作使得整个行业，包括公募基金在内的很多产品业绩表现非常好。而在那个时点，风格与市场不吻合的宽远，业绩相对比较落后。在对市场风险的考量上，宽远是比较谨慎的，而在个股的选择上，并没有一味地跟随当时的主流热点，而是坚持从基本面角度出发，选择了高确定性、高安全边际和持续增长的企业。后来在整个市场下跌的过程中，上证指数从 5000 多点跌到了 3000 点，而宽远的产品收益顶住了压力，重回制高点。

　　再如 2021 年，市场整体表现分化严重，行业轮动明显，宽远部分持仓遭受了一些压力。但宽远依旧按照自己的节奏和方法来投资，不去过分在意市场的短期波动，也未参与概念炒作，全年产品表现最终跑赢了市场，取得了难得的正收益。

　　回头看往往都是容易的，向前看却是迷雾重重。对能力圈内做投资的严苛要求，对安全边际的重视，可能会错失一些投资机会，但只有对行业长期研究跟踪，对优秀企业精挑细选，才不容易犯错误。长长的坡，厚厚的雪，滚起来的雪球最终带来丰厚的回报。

　　正如梁力所说，投资始终无法赚到所有的钱，只能赚"看得懂"的钱。

　　不迎合市场的短期趋势与热点，这是宽远投资的风格；不放松对企业的深度挖掘，这是宽远投资的坚守。在梁力看来，能力圈不是画地为牢，只看某些公司，而是诚实面对自己的认知边界，同时不断拓展认知的边界。新技术风起云涌，驱动新的商业模式，这不仅仅带来新的机会，往往也对传统的商业模式和竞争格局带来巨大的冲击。宽远始终对新的变化保持密切的关注和前瞻的研究，等到有足够把握的时候果断出手。

动态评估企业护城河，没有永远的好公司

关注企业的商业模式，是梁力一贯的投资风格。翻阅梁力所写的产品报告，听他在一些公开场合的演讲，不难发现，"商业模式"这个词出现的频率极高。

在梁力看来，好的商业模式有一些共同点。

第一，简单和聚焦。企业的精力和资源往往是有限的，只有足够的聚焦才有机会做得比竞争对手更好。企业不是靠加法线性做大的，而是靠极度聚焦带来的指数级增长做大的。简单、聚焦的商业模式往往能让企业走得更长远。不难发现，中国和世界市值最大的一些公司往往业务并不复杂，比如茅台、苹果。

第二，领先者有构建长期竞争优势的空间，不容易被后来者弯道超车。典型的包括品牌心智（如茅台、爱马仕）、规模优势（如沃尔玛、亚马逊）、网络优势（如微信、脸书）以及高昂的转化成本（如微软的office）。与大家想象的不一样，满足这一条件的行业其实并不多。

第三，好的商业模式在成熟期往往在报表中显示出优秀的盈利能力。比如低负债甚至净现金、高 ROE（净资产收益率）以及充沛的自由现金流，从报表中寻找机会也是个不错的途径。

总体而言，梁力认为，**好的商业模式的形成有一个非常重要的因素，那就是企业能不能差异化地创造价值。差异化可能体现在给客户带来独特的、难以复制的价值，或者是通过差异化的方式，更有效率地创造这种价值。**

竞争永远是动态的，如何规避技术变化、新的商业模式崛起对原有竞争优势的挑战？

梁力认为，格局的改变需要历经漫长的过程，对手的崛起也不是一蹴而就。竞争格局的颠覆一般最先出现在局部细分市场，尤其是边缘市场或者低端市场，是原有玩家最为忽视和竞争力最为薄弱的区域。新技术的出现往往也是一个主要的背景，新进入者由于没有历史包袱，能更好地利用新技术取得差异化的优势。传统领先企业对新商业模式的企业往往经历了看不见、看不起、最终追不上的过程。所以在研究中需要尽可能地关注变化，关注新进入者，尤其它的商业模式与现有模式存在巨大的差异，且可能具备颠覆能力的时候。

以电器线下连锁销售企业为例，在电商崛起之前，这是一个非常好的商业模式。领先的采购规模使得采购成本大大降低，而较低的价格促进了销售，形成自我加强的循环。更为有利的是，这种强大的议价能力使得电器连锁企业大量占用供应商的款项，充沛的现金流被用于进一步扩店，从而强化了规模优势。但随着互联网的普及，电商的出现打破了这个循环。电商通过巨额的融资以早期亏损的模式形成了一定的规模。这个时候线下连锁巨头小视了线上电商，普遍追求高利润率，过度占用供应商的资金，从而给电商发展提供了良好的土壤。随后几年电商的规模反超线下连锁企业，并由此获得巨大的规模优势，从而将传统线下连锁挤入亏损的泥潭。

良好的商业模式仅仅是硬币的一面，另外一面则是企业优秀的管理层。优秀的管理层能够坚持做对的事情（基于对客户需求变化和技术演进的理解，制定正确、动态的战略帮助巩固竞争优势），同时有能力把事情做对（通过优秀的企业文化、强大的组织能力来执行战略）。

宽远非常重视企业文化，认为好的企业文化是保持企业竞争力最重要的因素。而好的企业文化是真正关注客户，以客户为中心，真正重视员工，最大限度地释放员工的潜能，同时往往有着利润之上的追求，盈利不是首要考虑的，做最好的产品才是第一要务。

理解企业，也要理解市场

梁力偏好投资两类企业，**一类是遭遇了短期困难，但已经被证明是非常优秀的企业**。这种困难可能是宏观环境的激烈变化、行业政策的打压，或者企业经营的短期波动，导致企业短期盈利不达预期。这些短期的困难，若是结合了企业利润低于市场预期，估值的调整有时候会非常剧烈。但如果企业的竞争优势没有减弱，2～3年甚至长期盈利并没有受到影响，往往是一个很好的投资机会。

当然，逆向投资也要提防掉入"价值陷阱"。有时候，企业短期盈利不达预期是长期经营恶化的开始。比如上面提到的电器连锁销售企业，往往在行业出现大的拐点时，企业自身的判断或会出现巨大的偏差，这也是克莱顿·克里斯坦森（Clayton M. Christensen）所说的创新者的窘境，需要格外小心。

另一类则是市场中还未被挖掘的有潜力的好公司，这类潜力公司也被称为"明日之星"。很多后来被证明是明星企业的公司，早期往往有两个主要的特征。第一，这些公司在早期的经营中就已经展示出远超同行的竞争力和运营效率，并在财务数据中有所体现；第二，这些"明日之星"往往对行业有着深入的思考，对于客户需求的变化、技术的演进、核心竞争优势的识别和构建等都有自己的理解，并且有很强的执行力。早期这些公司并没有被众星拱月，机构投资者有机会反复和核心管理层深入交流。而一个公司从原来的默默无闻到众星拱月，很多时候会带来巨大的超额回报。

逆向投资往往意味着市场是错的。但市场到底是对的还是错的？

梁力认为，**长期来看市场总是对的，市场最终会意识到哪些是好公司，哪些是差公司**。如果以 10 年甚至更长的时间维度来看，企业市值的增长和利润的增长是相互吻合的，从这个角度看市场是有效的。

但市场短期可能有无效的时候。在企业遭遇困难、股价下跌的时候，市场往往更关注企业的负面信息，进而强化下跌的理由。而股票气势如虹的时候，市场往往会把短期的高增长高估值线性外推，并找到长期更大的增长空间。**宽远要做的是在真正有能力理解的领域，抓住市场犯错的机会，实现超额回报。在市场合理估值的时候获得企业本身成长的回报，在泡沫期实现收益。**

梁力认为，要始终对市场保持敬畏之心，避免过早和过度对抗市场。首先，有可能当你认为市场错了的时候，市场是对的，而你错了。其次，就像凯恩斯所说的，市场保持非理性状态的时间，可能比你保持不破产的时间更长。

以上是梁力对企业、对市场的一些深刻理解，也是宽远做投资的基本策略。从实践来看，通过选择风险收益比最高的优秀公司构建投资组合，宽远在过去几年创造了很好的超额回报，并且相信，未来同样如此。

宽远资产团队成员

- 上海宽远资产管理有限公司专注于二级市场投资，成立于 2014 年 5 月，注册资本金 1000 万元，是中国证券投资基金业协会登记注册的私募基金管理公司。

- 宽远资产的核心团队均源于兴业证券自营及资产管理分公司，团队成员均具有良好的教育背景和丰富的资产管理行业从业经验。公司成立以来多次获得三年期/五年期金牛奖，当前管理规模超百亿元。

- 公司的使命和愿景是致力于成为行业内价值投资的标杆，为投资者创造卓越的长期回报，成为私募基金领域的领先者。

投研中，多点亮一个火炬，

就能更看清一点全局

走价值投资之路，以此打造能力圈

好买： 在大学毕业之后您选择了股票投研这条路，是出于怎样的考虑?

梁力： 应该是兴趣使然。大学期间我偶然读到本杰明·格雷厄姆（Benjamin Graham）的著作《证券分析》，后来也知道了巴菲特，进而关注到中国证券市场，在大二时也开始做一些投资。那几年很多蓝筹股企业盈利大幅增长，股价也实现了很大的提升，让我觉得对上市公司的研究分析颇有成就感，进而对公司研究产生了兴趣。其实当时复旦 BBS 论坛上已经有不少有关股票基本面分析的帖子，也有很多有意思的讨论。

在我看来，股票投资有意思的地方就是能不断验证假设和逻辑，企业后来的发展、市值的变化可以验证对商业模式和企业竞争力的判断是否正确，这是很有意思的。

好买： 大多数人刚开始接触股票投资时，可能都是以散户思维为主，观察一些技术面。而您开始投资时，为何选择从价值投资的角度入手?

梁力： 这可能和本身的经历及性格有关。大学我读的是企业管理专业，打下一些基础，掌握了战略管理、市场营销、渠道管理以及财务分析的相关知识。而且由于家庭的原因，对于经营管理从小就有一些接触。

此外，也和当时的市场有关系。2005 年前后，中国的工业化建设进入腾飞阶段，很多绩优股大幅上涨。例如"五朵金花"行情，很多行业中的优秀企业盈利和市值都快速增长，现在的很多"明星公司"都是从那时候开始崭露头角。市场的正反馈也强化了价值投资的理念。

好买： 在正式工作以后您研究过哪些行业？偏好怎样的公司？

梁力： 我最早研究的行业包括交通运输、服装纺织、家电、白酒等，一开始由点及面，系统地学习和完善研究体系。早期偏好的都是商业模式好的企业，比如竞争优势显著、竞争格局稳定、ROE 高、现金流强的行业，大多数是白电、白酒等消费领域以及一些制造业的龙头，也包括一些交运行业的独特细分龙头。

那个时期，我们就已经开始谈论现在熟悉的一些个股了。当然，其中有些曾经优秀的企业跟不上时代变化，在行业的大变革中被淘汰，有的公司被证明高估了竞争优势和壁垒，但也有不少公司将竞争优势延续到了今天，十多年后的今天我们依旧持有这些公司。

好买： 您如何看待行业变革带来的影响？能否举例说明？

梁力： 以电器线下连锁销售企业为例，在电商崛起之前，这是一个非常好的商业模式。领先的采购规模使得采购成本大大低于竞争对手，而较低的价格促进了销售，形成自我加强的循环。更为有利的是，这种强大的议价能力使得电器连锁企业大量占用供应商的款项，充沛的现金流被用于进一步扩店，从而强化了规模优势。

但电商的出现打破了这个循环，由于互联网的普及，电商的商业模式得以实现。电商通过巨额的融资以早期亏损的模式形成了一定的规模。这个时候线下连锁巨头小视了电商，出于对市值的诉求而普遍追求高利润率，过度占用供应商的资金，给电商的发展提供了良好的土壤。随后几年电商的规模反超线下连锁企业，并由此获得巨大的规模优势，将传统线下连锁挤入亏损的泥潭。

好买： 如何提前感知并应对企业的商业模式变更？

梁力： **格局的改变需要历经漫长的过程，对手的崛起也不是一蹴而就。竞争格局的颠覆一般最先出现在局部细分市场，尤其是边缘市场或者低端市场，是原有玩家最为忽视和竞争力最为薄弱的区域。**新技术的出现往往也是一个主要的背景，新进入者由于没有历史包袱，能更好地利用新技术取得差异化的优势。传统领先企业对新商业模式的企业往往经历了看不见、看不起、最终追不上的过程。

从历史经验来看，当一个行业新模式的市场份额达到 10% ~ 20%，它对旧模式就会形成明显的冲击。而在早期阶段，即使市场份额增速很快，比如从 2% 增长到 4%，虽然份额占比翻倍，但对行业的冲击是有限的，市场往往也会低估这些影响。所以在研究中需要尽可能地关注行业变化，尽可能在早期关注新进入者，尤其当它的商业模式与现有模式存在巨大的差异，且可能具备颠覆能力的时候。

好买： 一些企业在面对竞争或者利润下滑的冲击时，往往会选择提高产品价格，您如何看待这个战略？

梁力： 这种战略有一定的危险性。大部分的企业都有潜在的盈利边际。潜在盈利边际是指企业在不伤害自身竞争优势的情况下能够实现的最高的盈利水平。即使一个企业已经在所在领域获得了较高的市场地位和较大的市场份额，过高的定价也会给竞争对手留有机会，导致自身优势逐步丧失。在大部分充分竞争的市场中，盲目提价会很快导致市场份额丢失。

只有极少数商业模式能够支撑持续不断的涨价，同时不损失自身优势。奢侈品行业可能就是这样一个比较特殊的领域，长期以来这些公司的产品一直在涨价，而竞争优势反而越来越强。但即便如此也需要非常谨慎地定价，过快地涨价会导致很多问题。例如一些品牌在大幅涨价后会遇到需求不振、价格倒挂的问题，不得不重新下调价格，这会对品牌造成较大的伤害。

好买：那么对于企业降价，选择走性价比之路，您怎么看？

梁力：真正优秀的企业很少单纯通过性价比参与竞争。很多时候性价比只是一个借口，企业应找到差异化的空间，避免单纯依赖性价比。降价往往是最容易的，而一旦通过价格杠杆去做大规模，就会忽略其他所有可以努力的空间。**一旦做了容易的事情，就很难坚持做一些困难但正确的事情。**

当然，性价比也不是完全不可取。比如沃尔玛，通过规模优势获得成本优势，再把这个低成本优势转化成更大的规模。这其实是通过最大规模—最低成本的循环来巩固竞争优势。这是竞争对手无法模仿的，同样的价格竞争对手就会亏损。性价比背后，也需要思考原理。

反过来，如果所有企业没有结构性的成本差异，大家都能降价，那么性价比就是战略上的偷懒及借口。

好买：做基金经理和单纯做研究有很大的区别，您在刚开始做基金经理管钱的时候，对投资的认知和感受是怎样的？

梁力：我一开始管理的是专户产品，与一般的公募基金有所差异，和市场也保持了一定的距离，某种程度上有更大的自由度，更追求绝对收益。所在团队的氛围也比较好，在徐总的带领下，大家坚持对公司开展深入研究，基于企业价值而不是市场的热点去做投资。当时并没有过于看重短期业绩和排名，考虑得比较长远，投资研究也比较单纯。

因为刚开始投资的时候与市场保持了一定的距离，加上自身比较理想化，对当时认为的好公司很坚持，不太在意市场的主流观点，也不追随市场的热点，所以用比较集中的仓位持有一批优秀的企业，仓位也比较高。幸运的是，当时市场上确实有很多商业模式非常优秀的企业估值很低，回头看取得了不错的结果，其中确实有运气的成分。

好买： 在这个过程中，会遇到来自市场或者客户的压力吗？除了深度研究个股外，是否想过做行业轮动？

梁力： 压力肯定会有，尤其当市场风格完全不适合的时候。过去十年中碰到过很多明显和市场风格不匹配的阶段，比如 2015 年上半年和 2021 年。不过很多时候我们会在心理上主动远离市场，主要还是遵循自己的投资节奏。

我们会把注意力放在企业的跟踪研究上，而不是市场的变化，这样压力自然也会小一些。正如巴菲特所说，投资就像打棒球，要盯着球场，而不是盯着记分牌。只要我们投资的企业没问题，最终一定会带来好的结果。过去很多年的经验也证明了这一点。

另外，相比深度研究个股，做行业轮动可能要难得多。做行业轮动本质上是持续和其他市场参与者博弈，尝试赚对手的钱。或许能赚很多钱，但并不在我们的能力圈内。

以严苛的安全边际，寻找持续优秀的企业

好买： 是否遇到过一些"卖早了"的标的，回头看会觉得可惜吗？

梁力： 当然有很多这样的例子，我们很少卖在股价最高点。大部分我

们所投资的公司会在盈利增长的驱动下不断创出历史新高。

卖出的决策是基于，当下时点从风险收益比来看有更好的投资选择。对于所有潜在投资标的，我们都根据潜在复合回报率以及确定性这两个维度来进行选择调整。持仓的公司在持续上涨后回报率会下降，当回报率下降到一定程度，我们就会做一些调整的动作。

还有一种可能是市场单边情绪特别强的时候，随着持仓的大部分公司估值泡沫化，基于对估值和安全边际的要求，我们也会逐步降低仓位，往往很难赚到最后一段泡沫化的收益。**投资始终没法赚到所有的钱，只能赚"看得懂"的钱。**

好买："看得懂"的这部分公司如何界定？

梁力：预测未来是一件非常困难的事情，三五年的预测偏差可能会很大，很多市场共识的判断后来看都是错的，有时候甚至错得很离谱。原因是我们有很多未知的未知，有些事情我们知道自己知道，有些事情我们知道自己不知道，但我们可以做一些保守的假设。此外，还有一些事情我们不知道自己不知道，这其中可能就有"黑天鹅"。

简单来说，**"看得懂"首先是商业模式相对简单，影响未来的变量相对较少而且可控。从需求端看，最好是长期保持稳定和增长，不容易被替代。供给端要有足够的壁垒，相比于同行的超额优势企业要足够强大，而且能够不断强化优势。同时有优秀和可靠的管理层以及良好的治理结构。此外估值也要有足够的安全边际，市场对负面情况的考虑相对充分。**

甚至还要考虑，在最极端的宏观经济情形下企业是不是能够撑过去，或者至少是行业中最后一个倒下的。如果这个行业没有彻底消失，活下来的企业最终能够整合市场，跨越周期后实现增长。

好买：您怎么看待买入的公司盈利增速下降，或者出现负的预期差的情况？

梁力：此类情形要谨慎对待，这可能是风险，也可能是机会。企业经营本身有周期性，叠加了宏观经济的波动和政策的调控后，波动是不可避免的，线性发展才是不正常的。

如果企业的竞争优势没有减弱，长期盈利能力没有下降，短期的波动导致的股价下跌可能是一个机会。甚至有时候行业的下行淘汰了较弱的对手，巩固了竞争格局，这不一定是坏事。

但有的时候短期的不达预期是长期不达预期的开始。我们发现很多优秀企业的经营者在行业发生大变革的时候，往往反应相对滞后。一方面可能是这些企业过往的成功让他们低估了行业变革的程度，也低估了挑战者的能力；另一方面是企业的经营路径有很强的依赖性，除非到了非常必要的阶段，否则变革的意愿会很弱。

这个时候我们不能过于依赖企业管理层的判断，要以一个更客观、更独立的局外人的视角去判断可能的变化。

好买：如何挖掘"不达预期"背后的实质变化？您觉得甄别是"机会"还是"风险"的难点在哪里？

梁力：其实很难，但还是要回到事情的本源。一方面，要判断消费者的需求到底有没有变化、会不会变化，新的商业模式或者竞争对手能不能更好地满足消费者的需求。比如当汽车问世的时候，消费者不会再想要一辆马车。

另一方面，要辨别新的商业模式或者竞争对手能不能以更低的成本、更高的效率满足消费者的需求，尤其是要以一种动态的眼光去分析问题。

比如电商对传统家电连锁销售企业的影响，当时电商的成本较高，一直处于亏损的状态，似乎不足以挑战既有的龙头。但关键是要看到电商的边际成本很低，未来取得规模优势后能够取得更大的成本效率优势。本质是企业的超额优势没有变弱，这是我们看待很多问题的出发点。

难点是回头看一切似乎都很简单，变革的逻辑和脉络都很清晰，而往前看却都是迷雾重重。即使是行业内最优秀企业的管理层，变革的时候也会犯错。

好买： 您会在困难的时候买入优秀企业，那什么样的企业才是优秀的企业？什么样的商业模式才是好的商业模式？

梁力： 好的商业模式有一些共同点。首先是简单和聚焦，企业的精力和资源往往是有限的，只有足够的聚焦才有机会做得比竞争对手更好。企业真正做大不是靠加法线性，而是靠极度聚焦带来的指数级增长。简单、聚焦的商业模式往往能让企业走得更长远。不难发现，中国和世界市值最大的一些公司其业务往往并不复杂，比如茅台、苹果。

其次是领先者有构建长期竞争优势的空间，不容易被后来者弯道超车。典型的包括品牌心智（如茅台、爱马仕）、规模优势（如沃尔玛、亚马逊）、网络优势（如微信、脸书）以及高昂的转化成本（如微软的office）。与大家想象的不一样，满足这一条件的行业其实并不多。

最后是好的商业模式在成熟期往往在报表中显示出优秀的盈利能力。比如低负债甚至净现金、高 ROE（净资产收益率）以及充沛的自由现金流，从报表中寻找机会也是个不错的途径。

总体而言，好的商业模式的形成有一个非常重要的因素，那就是企业能不能差异化地创造价值。差异化可能体现在给客户带来独特的、难以复制的价值，或者是通过差异化的方式，更有效率地创造这种价值。

但好的商业模式不是唯一重要的，还需要优秀的管理层和好的企业文化。

好买： 怎样定义优秀的管理层与企业文化？

梁力： 最重要的是，优秀的管理层要能够坚持做对的事情。管理层要基于对客户需求变化和技术演进的理解，根据行业发展规律以及自身的资源，思考怎么去创造和巩固竞争优势，动态地调整战略。

同时，优秀的管理层要有能力把事情做对，包括建设好的企业文化、建立强大的组织能力来执行战略。好的企业文化是保持企业竞争力最重要的因素之一。

我们理解的好的企业文化，首先是真正关注客户，以客户为中心，而不是关注竞争对手或者管理层的野心。尤其是企业的每个员工都能真正做到客户第一，以客户为中心。这一点很多企业都这么说，但是能够真正做到的企业并不多。

其次是真正重视员工，最大限度地释放员工的潜能。伟大的企业往往有着利润之上的追求，盈利不是首要考虑的，做最好的产品和服务才是第一要务。

好买： 您对估值的容忍度如何？

梁力： 这需要视具体情况而定。大部分企业的当年利润都是未来盈利能力的重要参考因素，当年过高的估值往往意味着未来要保持非常高的增长，一切都要符合很高的预期，这会让投资承受很大的风险。

不过确实也有少数企业的潜在盈利能力远远超过报表利润，这些企业可以接受表观上更高的估值。总体而言，我们还是**看企业在三五年后的盈**

利和一个相对保守的估值假设下，目前的投资是否能够获得一个很好的回报率。这个回报率的要求与确定性有关，确定性越高，要求的回报率可以适度低一些。

好买：当碰到好公司估值都很高的情况时，如何去找机会？

梁力：当市场充分意识到一个好公司为什么好的时候，估值肯定不会低。但在某些情况下，好的公司也会处于较低的估值。

一种情况是优秀的企业遭遇了短期的困难。这种困难有可能是宏观环境的激烈变化，比如 2018 年的中美贸易争端、2020 年突发的新冠肺炎疫情；或者是行业政策的负面效应，比如 2013 年中央八项规定对白酒行业的影响、2021 年互联网反垄断的影响；也有可能是企业经营的短期波动，比如需求阶段性下降、竞争对手发起价格战等。这些都会导致企业的短期盈利不达预期。这些短期的困难，再加上企业利润低于市场预期，估值的调整会非常剧烈。这个时候如果企业的竞争优势没有减弱，2~3 年甚至是长期盈利并没有受到影响，往往是一个很好的机会。

另一种情况是市场还没有意识到某些企业是好企业，尤其是在这些企业的早期阶段。很多后来被证明是明星企业的公司在早期的经营中其实已经展示出远超同行的竞争力和运营效率，并在财务数据中有所体现。早期这些公司并没有被众星拱月，机构投资者有机会反复和核心管理层深入交流，这些企业对行业的思考远比同行更深刻。而一个公司从原来的默默无闻到众星拱月，往往能带来巨大的超额回报。

好买：不少私募基金都有一个明确的行业定位，比如聚焦大消费或是一些新兴成长赛道。宽远在行业方面如何分配精力？如何在行业里挖掘公司？

梁力： 宽远总体上是自下而上的逻辑，以好的公司作为立足点去研究相关行业。如果部分行业的商业模式相对较差，也没有太大的增长空间或明显的差异性，我们就不会花太多的时间，只会选一些标杆公司覆盖以保持对行业的跟踪和理解。

公司研究的机会很多时候来自财报。对那些盈利能力很强，报表质量很高，或者在持续改善的公司，我们会花时间去研究背后的原因，去思考是否是一个值得深入研究的机会。

我们很难系统性地把所有机会都找出来，更多的是一个点一个点地研究。多点亮一个火炬，就能多看清一点周围，积累得足够多，对全局就有更完整的理解。

保持使命感，做难而正确的事

好买： 2014 年您与徐总转战私募创办宽远资产，当时是怎么考虑的？这其实也是一件有风险有难度的事。

梁力： 其实我们只是想简单做好一件事情，也就是做好研究投资，而成立宽远会纯粹一些。我们也有信心能够做好，只要能够持续为投资者创造良好的回报，最终就一定能有所作为。

好买： 从零到百亿之后，关于未来宽远的规模及发展，您有怎样的想法与计划？

梁力： **规模是水到渠成的结果，真正的价值创造还是超额回报。**如果没有超额回报，再大的规模实际上都无法创造价值。当然前提是承担有限的风险，这样的超额回报才是可持续的。对于公司未来的发展规划，我们

多点亮一个火炬

就能多看清一点周围

觉得只要能持续做好投资，规模就会随之而来，但规模永远不是最重要的。

好买： 通常研究多久之后才会选择出手？

梁力： 没有固定的时长，总体来讲我们会很谨慎。如果一个行业我们已经研究了很长时间，那么在对这个行业里的新公司进行决策时需要的周期可能就短一些。但如果对这个行业研究的时间还不长，那么考虑的时间就会久一些。

我们在研究的过程中需要反复斟酌和思考，有一定的确信度才敢于出手。买入的时候常常自问：如果这个公司再继续跌 30%，还敢不敢大比例加仓？当所有人都不看好的时候，能否不在意外界眼光而做决定？

好买： 一些企业会抱有利润之上的社会使命感，对于投资这件事，是否也会有同样的感受？

梁力： 在我们看来，**坚持投资优秀的、持续创造价值的企业，其实对整个市场定价有积极的意义。良好的定价体系能让优秀的企业家和管理层获得好的收益，给投资者带来好的回报，形成良性循环。**如果整个市场中投机与炒概念的公司的市值过大，会导致劣币驱逐良币，市场就无法发挥配置资金的能力。我们的工作可能只是很小的一份力量，但也会有积极的意义。

好买： 能否谈谈您对于未来市场的展望？

梁力： 2022 年，市场整体处于一个经济环境比较差，企业盈利比较差，但是流动性很宽松的状态。保增长保就业成为主要的政策方向，政策监管会更加温和。经过 2021 年的极端行情，市场结构也显得比较极端，个别赛道的估值非常高，积累了不少风险，但也有很多低估的行业和机会。

由于流动性的保底，市场整体还是会有一些结构性的机会。

好买： 无论是理念策略，还是适应市场，您的投资经历还是比较顺利的，且定力也很强。

梁力： 我觉得**只要想清楚，不要企图赚所有的钱，投资就能保持定力。**可能与我的性格也有一定关系，比较淡定和乐观，不太受市场情绪和他人的影响，更多是遵循自己的节奏。

梁力投资金句
QUOTATION

❶ 格局的改变需要历经漫长的过程，对手的崛起也不是一蹴而就。竞争格局的颠覆一般最先出现在局部细分市场，尤其是边缘市场或者低端市场，是原有玩家最为忽视和竞争力最为薄弱的区域。

❷ 从历史经验来看，当一个行业新模式的市场份额达到 10% ~ 20%，它对旧模式就会形成明显的冲击。

❸ 很多时候性价比只是一个借口，企业应找到差异化的空间，避免单纯依赖性价比。

❹ 企业真正做大不是靠加法线性，而是靠极度聚焦带来的指数级增长。

❺ 总体而言，我们还是看企业在三五年后的盈利和一个相对保守的估值假设下，目前的投资是否能够获得一个很好的回报率。这个回报率的要求与确定性有关，确定性越高，要求的回报率就可以适度低一些。

❻ 大部分的企业都有潜在的盈利边际。潜在盈利边际是指企业在不伤害自身竞争优势的情况下能够实现的最高的盈利水平。

❼ 投资始终无法赚到所有的钱，只能赚"看得懂"的钱。

❽　很难系统性地把所有机会都找出来，更多的是一个点一个点地研究。多点亮一个火炬，就能多看清一点周围，积累得足够多，对全局就有更完整的理解。

❾　规模是水到渠成的结果，真正的价值创造还是超额回报。

❿　只要想清楚，不要企图赚所有的钱，投资就能保持定力。

量化投研，有时欲速反而不达。好比修高楼，有些团队一进场就一层层往上盖，虽然修得快，但是地基不稳，到了一定高度就盖不上去了。而世纪前沿则是一步步打地基、建框架，先是聚焦高频策略，打磨透彻，然后再涉足中低频策略，业绩水到渠成，规模高楼自成。

世纪前沿在开发每个因子的时候，力求把因子的质量做到最高。一个因子做纯粹、做极致之后，再去开发新的因子。高频策略做纯粹、做极致之后，再去做中低频策略。世纪前沿从一开始就选择了一条看似困难，而后越走越容易的路。

世纪前沿　陈家馨

纯粹、精进，持续
逼近量化最前沿

陈家馨
世纪前沿　创始人、投资总监

- 香港中文大学量化金融学士。
- 10 年量化从业经验，曾任海外金融机构董事总经理，管理自营投资组合，主导投资团队交易模型研究。
- 2015 年发起成立世纪前沿，负责指导公司战略方向，领导投研团队研发交易模型，全面覆盖量化投资的策略研究工作。

量化投资在国内崛起是近十年的事情。十年前，股指期货刚刚推出，中国投资者对量化基金可能还没有任何概念。而十年后，截至 2021 年 7 月末，国内量化私募整体管理规模逾万亿元，在私募证券投资基金总规模中占比达 20%。量化基金已成为中国投资者资产配置的主流选项之一。

然而，十年来量化投资在中国的发展充满波折。从 2013 年暴露小盘风格就能创造显著超额的"假量化"，到 2015 年活跃市场造就的股指期货高频量化，到 2018 年日趋完善的量化多因子模型，再到如今机器学习技术的广泛运用，市场风格剧变、股指期货监管、价格极端波动、技术推陈出新等因素都让量化投资在中国的发展充满坎坷与不确定性。

中国量化行业的发展路径是曲线而不是直线。行业潮起潮落之后，大浪淘沙，无数的量化机构被淘汰，只有少数发展壮大。幸存下来的管理人有两类，第一类管理人迅速识别环境变化，看清方向，快速迭代；第二类管理人则以不变应万变，打下坚实地基，有序扩张，无惧潮起潮落。海南世纪前沿私募基金管理有限公司（简称世纪前沿）属于后者。

世纪前沿的两位创始人吴敌和陈家馨，2010 年开始在香港做量化投资。2015 年世纪前沿成立，公司以自营为主，深耕高频策略。2018 年世纪前沿申请私募牌照，研发中低频策略，2020 年初向资管业务扩张。2021 年世纪前沿大放异彩，超额水平达业内一流，跻身百亿私募行列。

回看世纪前沿的发展之路，不求扩张之快，而是一步一步走得扎实，可能长期默默无闻，但终有厚积薄发为人所知之时。

量化投研，有时欲速反而不达。好比修高楼，有些团队一进场就一层层往上盖，虽然修得快，但是地基不稳，到了一定高度就盖不上去了。而世纪前沿则一步步打地基，名不见经传，看不到它的高楼，但地基成型之日就是其拔地而起之时。如陈家馨所说："量化投资最关键的就是搭建框架，刚开始时进度可能很慢，但不能急，如果一味追求速度和广度，很可能将整个模型的性能定格在二流的水平。所以我们愿意长期投入，慢慢打磨模型，把每个因子、每个步骤、每个细节做纯粹，然后再扩充广度，一步步去逼近业内最前沿的水准。"

世纪前沿正是如此，先是聚焦高频策略，打磨透彻，然后再涉足中低频策略，一步步打地基，建框架，业绩水到渠成，规模高楼自成。

高频起步，扩充策略，走向资管

世纪前沿的两位创始人吴敌和陈家馨相识于香港中文大学，两人均在这里求学，但并非同届也非同专业。陈家馨就读量化金融专业，而吴敌则攻读计算机博士。两人的交集是对量化投资的兴趣，也因此在校内举办的一场量化投资比赛中结识，并开启了长期的合作关系。

2010年，吴敌与陈家馨开始合作研发量化模型。2013年，两人开始为一个家族办公室管理资产，主做商品跨境套利，年化回报超40%。

2015年，吴敌与陈家馨开始做股指期货高频交易。这段时期股指期货市场交投活跃，流动性强，非常适合量化高频策略发挥。但随着股指期货受限，两人只能将战场转向商品期货，当时他们的高频策略已能做到年化回报逾50%。

2018年，随着高频策略的研发日益趋近业内前沿，吴敌与陈家馨自感如果想要继续获得提升需要拓展策略领域，因此选择开发中低频策略。由于中低频策略资金容量更大，两人也从原先的自营业务向资管业务扩张。世纪前沿于 2018 年申请私募牌照，2020 年初开始发行资管产品，2021 年超额业绩达业内一线水准，管理规模破百亿元大关。

吴敌与陈家馨以高频策略起家，涉足商品跨境套利、股指期货高频、商品期货高频等多种策略。在高频策略做精、站稳后，又开拓中低频策略领域，并自然而然走上资管之路，也将这条路越走越宽。

从高频策略到中低频策略，世纪前沿的成功有很多原因，但其中最重要的一条，应该是吴敌与陈家馨对量化投资最底层的思考，量化投研中一些最本质的理念与坚持：将量化做纯粹，以业内前沿为目标不断精进。

强调质量，追求极致，慢即是快

量化投研要做好两方面的事情，一是拓宽信息获取的广度，二是提升信息提取的纯粹度，即保证提取的都是有效信息而非噪声。

前者难度低，见效快；后者难度高，见效慢。比如多因子模型，快速的拓展数据源和添加因子并不难，并且通过因子的快速扩充也能形成一个中规中矩的模型，但想继续精进则困难重重，因为因子不纯，噪声问题积重难返。这样做相当于选择了一条看似容易但越走越难的路。

而世纪前沿选择的是一条看似困难但越走越容易的路。**世纪前沿强调信息提取的纯粹度，在开发每个因子的时候，力求把因子的质量做到最高。**一个因子做纯粹、做极致之后，再去开发新的因子。高频策略做纯粹、做极致之后，再去做中低频策略。正如陈家馨所说：

"我们要求加进来的每一个因子必须逻辑清晰，经得起推敲，这样我们对它的未来表现才有信心。不能只看测试数据结果，就去添加因子。这是世纪前沿量化研究的最大特征。"

团队作战，平等透明，持续进步

无论是风控制度的构建、机器学习技术的应用还是投研团队的搭建，无一不体现着世纪前沿慢即是快，把量化做纯粹做扎实的基本理念。

风控制度方面，世纪前沿通过后端的风控措施规避极端风险，但风控的核心环节还是在前端，即在因子研究层面，从风格暴露的角度思考因子的底层逻辑和收益来源，基于此对因子做针对性的风险调整。

对于业内普遍运用的机器学习技术，世纪前沿也有着不一样的思考。机器学习技术有一定的黑箱特征，多数时候没有办法解释 AI 到底进行了怎样的操作。世纪前沿要求研究员尽量从各个方面了解机器学习模型的偏好、特性、能力边界等等，然后在特定的范围与场景中加以应用，力求成果的可理解性、纯粹性。

在投研团队的搭建上，世纪前沿也颇具特色。其团队内部非常透明，每个人对整体策略的特性、团队的分工都很了解，在信息交流上十分自由。这种团队氛围在量化机构中并不常见。**世纪前沿成立以来，核心人员的流失率为 0，说明团队氛围与公司的投研理念和风格高度契合。**

"我们希望打造一个有持续研究能力的组织，在量化投研领域不断进步。这就需要团队内部平等透明，成员之间高效交流，以此保证投研上的持续进步。"

世纪前沿就是这样一个团队，从高频到中低频，从期货到股票，从自

营到资管，环境在变，公司也在变，不变的是投研团队始终聚焦于特定领域，持续精进，做到极致，然后拓展下一领域，不断往复。把量化做纯粹，持续逼近业内最前沿，地基挖得够深，资管的高楼自然拔地而起。

世纪前沿团队成员

- 海南世纪前沿私募基金管理有限公司成立于 2015 年 8 月，是中国证券投资基金业协会登记备案的私募基金管理人，专注于国内市场量化投资研究与资产管理服务。

- 投研团队于 2019 年前专注于自营交易，以期货高频及股票高频交易为主。目前公司管理规模逾 100 亿元，自营交易品种已经覆盖国内两大证券交易所的股票和期权以及四个期货交易所的绝大部分品种。

- 公司团队成员皆有国内或国际一流大学本科以上学历，毕业于香港中文大学、香港科技大学、清华大学、北京大学、复旦大学、中国科技大学、哥伦比亚大学等名校计量金融、计算机、数理等专业，半数以上拥有硕士或博士学位，核心成员皆有十年以上相关从业经验。经过几年的快速迭代和稳步扩张，公司建立了先进的量化研究平台，向实现顶级量化基金的梦想前进。

我们始终在逼近行业的最前沿

访谈时间：2021 年 10 月

从高频到中低频，做好纵深，而后及远

好买： 您很早就接触量化，是什么契机让您走上了量化这条路呢？

陈家馨： 我求学时读的专业就是量化金融，当时量化投资在中国还是非常小众的概念。2010年我在香港中文大学读书时认识了吴总，他在攻读计算机博士，同时做金融工程方面的研究。我们相识于他的实验室，当时一起参加一个量化投资的比赛。

在参加比赛之前，我其实就有许多量化投资方面的想法，当时自己也做过简单的模型，并已经在交易。吴总正好在创业，由于志趣相投，我加入了吴总的创业项目，主要是开发量化投研工具。我们研发的量化模型效果还不错，由此开启投资之路。最早是帮一个家族办公室管理资产，之后就独立出来做自营交易。

好买： 您和吴总最初是做跨境套利？

陈家馨： 是的，帮家族办公室管理资产时主要做跨境套利。做好跨境套利的核心有两点：一是交易速度，二是自由地在中美之间调配资金。

好买： 之后你们开始做自营，2015年的时候开始做股指期货的高频策略？

陈家馨： 是的，但只做了几个月股指期货就受限了。现在股指期货的流动性限制比较严格，手续费较高，日内交易只能锁仓做，有点类似股票，和2015年的情形很不一样。2015年，中国量化初露头角，不少量化私

从高频到中低频

做好纵深，而后及远

募的同行就是在那段时期赚到第一桶金。

2015 年，股指期货市场交投活跃，交易量很大，价差也小，流动性非常好，能承载大量资金，唯一的问题就是杠杆太高，所以才会发生之后杠杆资金踩踏造成的股市崩塌。其实本质上还是高杠杆带来的问题，股指期货这个工具受到了一定影响。

好买：　然后你们的高频策略就由股指期货转向商品期货了吗？这期间有什么策略的变化？

陈家馨：　策略其实变化不大，高频策略做的事情其实都比较接近。

好买：　当时的高频策略是遵循套利的思路还是超高频交易的思路？

陈家馨：　都有。最早我们做跨境套利时就使用了高频套利的思路，后来做股指期货高频时运用盘口的短周期的预测能力，现在的股票策略中也会用到这些思路。比如股票的套利策略我们叫作统计套利，会考虑股票之间相对价格波动的关系，这是一个很重要的因子。短周期的预测能力在股票交易中也适用。**高频策略的内核是类似的，我们现在股票的高频策略就是这样逐步积累而成的。**

好买：　2020 年之前世纪前沿以自营为主，2020 年开始做资管业务，而且扩张速度很快，请问转型的原因是什么？背后有怎样的思考？

陈家馨：　其实在公司运营方面我们并不是简单地从自营或资管这个角度来思考，**我们希望把公司打造成一个持续逼近行业前沿的量化投资公司。**这是一个长期目标，在深度的基础上进行广度的拓宽，从一个专业、尖端的细分领域向更宽阔、更广大的领域拓展。

高频策略是一个方向明确、特别尖端、需要不断钻研的领域，做高频的人都知道要追求的是什么，比如延迟的改进，策略进步的方向是明晰的，相应的努力也会很快得到反馈，做对了就能看到效果，这是高频策略的特征。

高频策略的这些特征导致其容量很小，所以专注于高频策略时做资管就没有什么意义，可能用自营资金就够了。之前我们一直做自营也是顺理成章的一个选择。

后来我们开始开发 A 股市场的中低频策略，这时策略容量大了很多，必然需要去做资管。如果不做资管，就无法扩建团队，无法在这个市场中参与竞争。所以当策略容量较大时，自然而然就需要扩大资管规模，从而维持一个有竞争力的团队规模，不断进步。当有能力做好中低频策略时，做资管是一件水到渠成的事情。

把投研做纯粹，明晰每个因子的底层逻辑

好买：截至 2021 年 10 月，你们模型里高频策略的贡献其实较上年有明显下降，现在可能中低频策略贡献的超额更多，什么时候开始对模型做了这么大的改变？

陈家馨：我们是做高频策略出身，在高频策略上的经验比较丰富，2018 年下半年的时候高频策略已经非常成熟，从那时起我们开始关注中低频策略的研发。

中低频策略的研发是持续进行的，2020 年团队大幅扩充正是为了加强中低频策略的研发力度。

至于中低频策略的上线更多还是看我们技术层面的支持。具体上线时间是 2021 年第一季度，春节之后的几个星期，模型有了明显迭代。说模型

迭代可能不太准确，因为我们的模型一直在进步，应该说我们量化策略的模式有了更新。

好买： 目前的研发重点还是中低频策略吗?

陈家馨： 是的，现在我们的工作重点还是中低频策略的研发。我可以展开讲一讲世纪前沿在策略开发方面的特征。多因子模型对信息的梳理有两个评价维度，一个是信息的广度，另一个是信息提取的纯粹度，这是信噪比的概念，即提取的信息中有效信息和噪声的比例。

世纪前沿一直都希望维持较高的信息提取纯粹度，这就要求单因子的质量比较高。我们的因子数量可能并不多。增加因子数量虽然能够轻松提升信息的广度，但会降低信息的纯粹度。

早期我们主要聚焦量价因子的挖掘，这一直是我们的强项。我们主打的高频策略就基于量价数据，比如从交易数据提取有效信息。直到 2020 年，我们的工作重点都是量价策略研发。

2020 年下半年，我们自认为量价策略研究水平已达到一定标准，开始扩展信息获取的广度，研究更多的信息源，像基本面数据、另类数据等等。我们增加了更多的信息源，但始终将信息的纯粹度放在第一位。**我们要求加进来的每一个因子必须逻辑清晰，经得起推敲，这样我们对它的未来表现才有信心。我们不是只看测试数据结果可以，就去加因子。这是世纪前沿量化研究的最大特征。**

未来我们的研究范围会越来越广，投研团队也会不断扩张。投研人员的增加其实对信息提取的纯粹度帮助并不大，更直接的产出还是拓宽信息获取的广度。所以未来会涉及更多数据源，投研覆盖面会更广，这是我们进步的一个方向。

好买：　就是说未来会更多地用量价数据之外的信息做因子？

陈家馨：　是的，其实过去半年我们量价因子的比例一直在下降，当然量价策略也一直在进步，以前的模型也会持续深化研究，只是相对来说，我们在非量价策略上进步更快。

好买：　如何避免数据过拟合的问题？

陈家馨：　其实追求信息的纯粹度就是对抗过拟合最有效的方法。过拟合是量化研究要避免的一个最基础的问题。

我们在提炼因子时非常尊重逻辑，争取在量化研究的每个环节都找到清晰的逻辑基础，每一个因子都要经得起逻辑的推敲。**把数据分析做精细，提炼因子时争取简洁干净，这就能很大程度上避免过拟合问题。**

好买：　那因子构成方式会不会过于复杂？

陈家馨：　纯粹度低的信息处理方式，就是用宽泛的数据挖掘和搜索找出大量的因子，把它们组合起来，然后再做优化，相对而言这是一种成本较低的量化投研方式，能保证数据获取的广度，不限制因子的数量，覆盖尽可能多的信息。这样做出来的每一个因子均能够特定地捕捉少量数据特征，模型的广度可以很好，但是纯粹度会很低。因为这种投研方法的每个环节都可能存在噪声，这些噪声的相关性不为负，所以噪声的累积会影响策略的表现。

与之对应的就是用较少的因子描述大类别的信息，用简洁干净的表达和符合逻辑的观念构建模型。这种做法的信息纯粹度较高，但想做到信息的完整覆盖，成本会很高。

好买：　但是许多量价因子很难用经济学逻辑解释，它们展现的更多还是一种统计意义。

陈家馨： 量价因子基本上都有底层逻辑，虽然这个逻辑可能不太直观，但我们还是力求把这类因子做得足够简洁干净。至于对底层逻辑的理解，很多时候不看数据根本想不到，大多数情况下都是先看数据的统计特征，然后再去思考，去总结，去推敲背后的规律，找出其中的逻辑。

搭建研究型团队，内部平等透明

好买： 世纪前沿以高频策略起家，后来又逐渐丰富中低频策略。从高频策略向中低频策略转型的过程中需要克服哪些困难？怎样才能取得较好的转型成果？

陈家馨： 这并不算转型，我们在这两个方面都有持续的投入和研究。只是后期招募的团队更多是为了在低频策略上的持续进步。目前我们也在不断给这两类策略添砖加瓦。

中低频策略研发的困难主要在于打地基，必须把理念和系统都搭建好，把团队组织好。

比如刚才讨论的多因子模型因子广度和因子纯粹度的问题。如果对这个问题没有明确的认识，很容易在一开始就追求因子广度，加了非常多的因子，然后发现组合的噪声不可控，整个模型的性能很可能就定格在二流的水平，很难向上突破，甚至需要重构模型，一切推倒重来。如果一开始的理念和方向错了，后续纠正的难度极大。

因此在最初搭建框架时，就要把关键问题想清楚，一开始进度可能很慢，但不能急。2018 年我们开始组建股票策略团队，而中低频策略真的达到一流水平应该是 2021 年。这需要一个过程，需要长期投入，慢慢打磨模型，不断提升水平。如果做得太急，可能短时间内也能做出一个看起来还不错的模型，但后面持续的进步会越来越困难。**所以我们选择了一条看似困难，而后越走越容易的路。**

好买： 2021 年 5 月之后世纪前沿的超额水平有显著的提升，这也是长期投研成果的一个体现吧？

陈家馨： 其实市场环境因素也是存在的。这几个月市场非常活跃，而且并不是某几个类型的股票活跃，是大部分股票的交易都很活跃，市场氛围很好。这种市场环境下，量化模型会有很多机会，预测宽度的优势可以展现，所以超额水平也较好。

和之前的业绩相比，我们在策略层面有比较大的进步，尤其是低频策略的加强，对超额的帮助很大。这种策略的加强在市场氛围较好时表现得更为显著。在市场氛围不好时，比如 2021 年 4 月，我们的单月超额也非常不错。而 5 月以后随着量化整体赚钱效应的提升，我们策略的改进就体现了出来。

好买： 如果市场降温，我们的超额也会有一定下降吧？

陈家馨： 这是比较正常的事，毕竟市场存在周期性的波动，会有特别火的时候，也会有相对冷清的时候。我相信大部分量化机构都一样，多数盈利来自市场火热的时候，在市场相对冷清的时候更多的是防守，或者缓慢而稳定的增长。这可能是大家都期望达到的一个效果。

好买： 有时候量化管理人同策略的不同产品业绩会有阶段性差异，世纪前沿偶尔也会出现这种情况，是各产品数据接收或者交易通道的差异造成了业绩不一致吗？您能具体介绍一下吗？

陈家馨： 您说的是指增产品业绩不一致的问题。我们所有指增策略背后的模型完全一样，没有区别。但是指增模型中有高频策略，策略的执行要依赖 IT 技术。高频交易的特征使得每个产品的持仓不可能永远完全一样，所以每个交易日结束可能各产品持仓有一定误差。如果技术层面的差距比较明显，这个误差可能会比较大。

大部分情况下各产品的长期表现差别不大，日净值和周净值可能短期有些出入，但也属于正常现象。

好买： 2020 年下半年，有一段时期世纪前沿的中性产品业绩比较平淡，当时策略的运行情况如何？

陈家馨： 中性产品的业绩其实并不能完全说明当时超额模型的运行情况，因为中性产品的收益包含两个部分，一个是跑赢指数的超额，一个是对冲成本。2020 年下半年中性产品的业绩波动和股指期货基差变化有一定关系。

此外，当时深交所对数据做了更新，创业板加入了一个新的价格形成机制，业内称为"价格笼子"机制。这个机制虽然针对创业板，但同时也会影响主板的数据。"价格笼子"机制引入之前，你能看到单笔交易的即时状态，但该机制引入之后，必须完整解析从开盘到当前时点所有的交易数据，并且基于"价格笼子"机制复现和交易所一样的交易逻辑，你才能看到正确的交易数据。

这个机制上的变化对于许多不涉及高频策略的管理人可能影响不大，但对于世纪前沿的高频策略会有一定影响。我们更新了策略版本，新版本调试上线以后，高频策略的运行才得到改进。2020 年第三季度和前两个季度相比，就是这个事件因素造成了一定的超额波动。

好买： 高频策略是在底仓基础上做日内交易吗？

陈家馨： 我们的高频策略不需要区分底仓与否。底仓这个说法源于 T＋0 的概念。T＋0 的做法是要有底仓然后当天卖出后再买入。但从我们做模型的角度无须考虑底仓，买入和卖出可以是完全独立的两个事件，当这两个事件发生在同一只股票上就是 T＋0，发生在不同股票上可以叫日内 Alpha。简而言之，只要对股价的预测周期在一天以内，就可以称为高频策略。

好买： 所以整体是一套模型，不会特别去区分高频和中低频。

陈家馨： 可以这么理解。用高、中、低频的信号一起去实时计算目标持仓，然后再进行交易。

好买： 世纪前沿在高频策略上有自身的优势，但也有很多声音说高频策略衰退快，您如何看待这个问题？

陈家馨： 根据我们的投资经验，高频因子很少失效，它本身的稳定性非常强。我们现在用的大部分高频因子和 2015 年在股指期货上用的差别不大，许多因子至今依然可以用。

高频策略的难点在于一些细节的处理以及交易速度的竞争，这两点是高频策略进步的关键，而高频策略的信号本身还是很稳定的。

好买： 高频策略主要由您负责吗？

陈家馨： 高频策略这部分早期我做得比较多，但整体而言我们还是团队作战的思路，并不能说我就是高频策略的负责人，大家都有各自的贡献，高频策略的产出也都是团队的成果。

目前我的工作以管理为主，就是引导大家在策略研发上不断进步。 我们整体是一个大的模型，是一个团队协作的概念。

好买： 世纪前沿内部是不是对每个研究人员都公开透明？

陈家馨：　是的，这是我们的一大特点。世纪前沿的内部环境比较透明，大家在信息交流上比较自由，对策略的特性、公司的分工都很了解，当然在所做因子的具体细节上肯定会做好保密工作。

好买：　会不会担心人员变动对策略造成影响？

陈家馨：　我们希望建立一个研究型组织，这需要大家长期合作，一起进步。这种组织必然要求成员之间高度互信，所以我们选择透明开放的机制构建团队。这种机制的好处是研究效率高，很多话题可以开放讨论，大家能互相激发灵感。当然这种机制的缺点就是投研人员的变动可能会带走一些核心的东西。

不过我们并不担心这个问题，想要完全复制我们的模型，可能性微乎其微。而且从事实层面来看，世纪前沿从成立到现在，从未出现过核心人员离职，无论是研究人员还是技术人员。

权衡风险与收益，做好因子就是做好风控

好买：　与国内其他量化私募管理人相比，世纪前沿有什么特色或者优势？

陈家馨：　与同业相比，我们的人员离职率很低，高频策略会偏强一点。背后的原因应该是思维上的区别，我们更看重持续性，或者说我们具有前沿思维。**我们始终向行业前沿逼近，保持策略水平或技术水平处于业内领先的位置。**

一方面，我们努力打造一个有持续研究能力的组织，在量化投研领域不断进步。这就需要团队内部平等透明，成员之间高效交流，以此保证投

研上的持续进步。

另一方面，我们也在一些相对而言赚钱效应偏弱，但却是量化中非常核心的领域持续投入，比如高频策略。高频策略的容量比中低频策略的容量小很多，对于资管业务来说为公司创造的盈利有限，但我们依然认为在高频策略上需要持续地投入和进步，因为这类策略代表了量化一个方向的尖端技术，我们希望在这个领域保持相对领先的位置。

好买： 人员流动在量化私募行业比较普遍，世纪前沿的离职率这么低是如何做到的？

陈家馨： 内部氛围好，大家志同道合，都认可这个集体做的事情，并且也希望共同进步，如果能满足这些条件，人员的离职率自然比较低。另外就是利益分配问题，公司要给予员工足够的激励。

好买： 风控工作如何开展？

陈家馨： 世纪前沿有自己的风控模型。量化模型想发挥作用，需要一定的预测宽度。量化模型建立在足够多的数据的基础上，比如足够多的股票、足够多的时间频率，进行独立的预测，依靠大数定律抹平波动，每一次预测的可靠性和预期收益不一定特别高，但通过提升宽度和数量，使得整体有较好的表现。

而风控，比如限制一些风格因子的暴露，其实会降低模型的自由度，结果必然会导致收益的损失，有时风控程度把握不好可能适得其反。 所以做风控必须进行科学的考量，比如基于现有的模型做一些针对性的调整，将模型的风险收益比控制在一个更优的范围内。此外**风控也不是完全依赖后端的限制。**

世纪前沿的风控分为两个部分。一个是后端的限制，主要是为了避免极端风险，以及防止一些长期极端风格导致的损失；另一个是前端因子研究层面就要去做的，比如从风格的角度考量和评价因子的收益来源。

我们对风险因子的看法是，需要保持一定的自由度，这是盈亏同源的问题，想要获取收益，模型就要有自由度。如果在风格上约束得过于严苛，必将损失可观的收益。同时我们不会在风格上有极端的暴露，也不会追求预测风格，因为风格的预测宽度远小于股票的预测宽度。

总之，我们在风控后端会尽量避免极端情况，更多的风控在因子挖掘、评价、调整等细节层面进行。

好买：整体流程是先预测股票 Alpha，然后再优化组合吗？

陈家馨：整体是这个模式，先有股票组合，也就是先有整体 Alpha，即对所有股票的一个评价，然后构建股票组合时再做风险的调整，这是整体模型的概念。具体因子的风险调整只在因子层面进行。

好买：因子层面的风险调整是对因子参数的动态调整吗？

陈家馨：不是指因子参数，而是有些因子自带风格上的暴露特点。最简单的是直接把一个风格因子作为 Alpha 策略，那就完全暴露了这种风格。比如一个最简单的价值因子，假如去买低 PE 的股票，这本身就暴露了价值风格，风格的定义其实就是做得特别粗糙的 Alpha 策略。很多风格因子本身就能带来收益，但波动也很大，历史上它是一个 Alpha 因子，只不过用得人多了，它就变成了一个风格因子。

也是因为这个原因，做因子的时候如果不认真检视，很可能因子主要的收益正是源于风格上的暴露，我们对这个问题要有清晰的认知，必须对因子研发中严重的风格暴露问题做针对性调整，使得因子在风格暴露上更加可控。

好买： 因子库内各因子间的相关性如何控制？

陈家馨： 因子库内相关性很高的因子实际上是一个替代效果，被替代的因子虽然还在库内但基本不会使用。对于还在使用的因子，我们有一个入库标准，因子相关性低于这个标准才能入库。但这不是一个硬性标准，不是说相关性足够低就能入库，也不是相关性太高就不能入库。很多时候还要看因子的类别和它的底层逻辑。

比如量价型因子，我们对因子相关性的要求会较为严格。非量价型因子，比如基本面因子，我们更看重逻辑上的合理性，对于相关性或其他指标的要求不会太死板。整体而言，在因子选择上会有一些主观判断。

量化基金应以长期思维配置，投资者成熟度会不断提升

好买： 机器学习技术在投研中的应用越来越普及，这种技术挖掘的因子是不是底层逻辑没那么清晰？怎样看待这个问题？

陈家馨： 机器学习是一个很前沿、很强大的技术工具，但使用起来并不简单。它具有一定的黑箱特征，缺乏百分之百的可解释性，无法完全知晓其中的具体操作。高水平的研究员在运用机器学习技术时，会尽量从各个方面去了解模型本身的偏好和特性，对机器学习的能力边界也有一个清晰的理解。**机器学习是一个需要谨慎使用的工具，它的应用范围不会特别广泛，不能期望把大量的数据提供给机器，让它自然而然产出高质量因子。** 总之，机器学习是一个重要工具，但也不应神化它的效果。

好买： 长期来看，A股整体超额可能趋降，您怎样看待这个趋势？世纪前沿目前超额很亮眼，您如何看待超额的长期持续性？

陈家馨：超额下降是预料中的事，市场一直在进步，资本不断竞争，赚取超额会越来越困难。我们也看到一些历史策略超额出现衰减，当然衰减的速度不是特别快，整体还在预期之中。

这就涉及一个问题，一家量化管理人长期的核心竞争力是什么？　**我们觉得答案是这家量化管理人持续研究的能力，量化管理人大部分的投入是为了打造一个研究型的组织，让这个组织、系统不断地进步，这样才能在市场中维持一个相对优势。**

我觉得量化行业超额下降是一个很正常的现象，不用太过忧虑。一方面，当前国内市场的量化交易占比其实并不高，与发达市场相比 A 股的发展空间还很大。另一方面，不管是个别管理人的超额波动，还是所有量化管理人的整体水平，与主观投资相比量化投资均表现得更为稳定。

好买：您提到发达市场量化交易占比更高，能展开讲一下吗？

陈家馨：港股市场的量化占比不是很高。香港市场的流动性一般，交易成本很高，量化空间并没有那么大，所以量化投资在香港并非主流。但香港金融衍生品很丰富，为量化投资提供了很多工具。欧美市场的量化占比非常高，美股市场 70% 以上的成交量都由量化贡献。无论从成交量还是从资产管理规模来衡量，前十大对冲基金中，十年前做主观投资的机构占多数，现在则是量化机构居多。

好买：许多投资者会对量化基金和主观基金做比较，您觉得这两类产品各自有什么特色？分别适合哪些投资者？

陈家馨：我个人感觉主观产品的爆发力更强，更有可能出现一年翻倍的业绩。相对来说，量化策略的业绩分布更均匀，业绩分化要小很多。

主观基金受特定风格制约更明显，不同的基金经理有自己擅长的领域，业绩也容易偏向某种风格。如果遇到合适的市场环境，主观基金的爆发力和业绩空间很大，而如果遇到不利的市场环境，主观基金的损失也会更显著，这是主观基金的特点。

我觉得主观基金更适合那些对市场和管理人特性非常了解的投资者。头部量化管理人的业绩差距并不大，所以选择风险较低。投资者配置量化产品其实是获取指数长期的系统性收益和一定的超额收益。**从这个角度看，量化基金适合那些对市场长期有信心，不太关注短期波动，更看重长期发展的投资者。**

好买： 许多投资者投资量化产品时也有追涨杀跌的现象，比如 2021 年初超额不好的时候选择赎回，2021 年第三季度超额亮眼的时候又追进来，您如何看待这种现象呢？

陈家馨： 这个问题本质上没有什么好的解决方案。市场特征就是如此，不管是量化还是主观，都存在这个问题，业绩好的时候大家都涌进来，产品表现差的时候大家都在赎回。**我们会尽量和投资者沟通，希望大家能以更长远、更理性的角度看待问题。**

投资者也在不断进步，大家会慢慢地习惯或者熟悉长期和配置的概念，这会是一个大趋势。随着时间的推移，我相信愿意承担短期波动，能够长期坚持以期获得长远回报的投资者会越来越多。

陈家馨投资金句
QUOTATION

❶　中低频策略研发的困难主要在于打地基，必须把理念和系统都搭建好，把团队组织好。

❷　我们要求加进来的每一个因子必须逻辑清晰，经得起推敲，这样我们对它的未来表现才有信心。

❸　量价因子基本上都有底层逻辑，虽然这个逻辑可能不太直观，但我们还是力求把这类因子做得足够简洁干净。

❹　如果一开始就追求因子广度，加了非常多的因子，就会发现组合的噪声不可控，整个模型的性能很可能就定格在二流的水平。

❺　大部分量化机构的多数盈利来自市场火热的时候，在市场相对冷清的时候更多的是防守，或者缓慢而稳定的增长。

❻　高频策略的难点在于一些细节的处理以及交易速度的竞争，这两点是高频策略进步的关键。

❼　限制一些风格因子的暴露，其实会降低模型的自由度，结果必然会导致收益的损失，有时风控程度把握不好可能适得其反。

❽　我们不会在风格上有极端的暴露，也不会追求预测风格，因为风格的预测宽度远小于股票的预测宽度。

❾　量化管理人大部分的投入是为了打造一个研究型的组织，让这个组织、系统不断地进步，这样才能在这个市场中维持一个相对优势。

洛书投资自成立以来，聚焦中长周期趋势跟踪、期限结构、基本面三大策略，持续深耕，逻辑透明，坚守风格。

在洛书，大家静下心来慢慢做事情，寻找期货市场长期的风险溢价，然后聚焦洛书选择的策略领域，一步一步地去思考、迭代，为投资人提供值得长期投资的 CTA 产品。

正是因为洛书策略的专注、风格的稳定，所以当我们需要配置 CTA，想要寻找专精基本面策略或期限结构策略的管理人，愿意承担一些波动获取长期收益时，第一时间想到的就是洛书。

洛书投资　胡鹏

量化可知的规律，
无惧未知的市场

胡鹏

洛书投资　副总经理、首席科学家

- 曾任牛津英仕曼量化金融研究院研究员。
- 法国国家信息与自动化研究所（INRIA）以及布朗大学的博士后、研究员。
- 与世界顶级科技出版社施普林格（Springer）合作出版多部著作。

做 CTA，往往有两条路可走。

第一条，在高频策略上拼速度，拼研发速度、拼迭代速度。专攻短周期策略，持续迭代更新，为投资者提供极具竞争力的风险收益性价比。

第二条，在中低频策略上拼深度，拼挖掘深度、拼研究深度。这条路以长中周期趋势跟踪策略与基本面策略为主，讲求坚实和长期有效的底层逻辑，为投资者提供可理解、可预期的长期配置选项。

洛书选择了第二条路。

如果你知道"河图洛书"的传说，那么听到"洛书投资"这个名字，就能大概感受到这家企业的风格：中华文化+ 数学思维。"河图洛书"，正是华夏大地数学渊源的一个传说。

洛书投资自成立以来，展现出了一派华夏学者的风范，聚焦中长周期趋势跟踪、期限结构、基本面三大策略，持续深耕，逻辑透明，坚守风格。 2018 年以来，洛书旗舰 CTA 产品实现了逾 25% 的年化回报，最大回撤不到 15%。

正是因为洛书策略的专注、风格的稳定，所以当我们需要配置 CTA，想要寻找专精基本面策略或期限结构策略的管理人，愿意承担一些波动获取长期收益时，第一时间想到的就是洛书。

回国创业，华夏学子的量化梦想

英国牛津的夜色下，一家小酒馆里两个人正在闲聊，说话者酒意微醺，讲述着自己在牛津大学的求学故事，而另一人则眉头微蹙，思考着困扰自己已久的心事。

要不要回国这个问题，胡鹏这些天来一直在思考。从法国波尔多第一大学毕业后，胡鹏先是去布朗大学读博士后，延续之前在应用数学与科学计算领域的研究。随后，又到牛津量化金融研究院进行金融领域的量化数学方法研究。

多年来，胡鹏在科研领域撰文著书，已颇有建树，而此时，波尔多第一大学的同学谢冬又为胡鹏提供了另外一个人生选项——回国创业。彼时是 2014 年，正是国内金融市场蓬勃发展，量化投资萌芽初生，机会无限之时。而放弃眼前一切，回国从零开始，毕竟不是一个容易的决定。

这一天，胡鹏和牛津大学毕业的一位副教授喝酒闲聊，对方追忆往事，诉说着自己在牛津大学读书，然后一步一步做研究、写论文、评教授的经历。胡鹏听后，似乎看到了自己未来的人生路径。在学术科研这个方向上，所有目标似乎都已规划好，他要做的，就是付出汗水与时间，一个个去实现。而此时人生的十字路口，还有另外一条路，充满未知与挑战的创业之路。**这一天，在已知的大道与未知的曲途中，胡鹏做出了自己的选择。**

2014 年，胡鹏回国，与谢冬创立洛书投资。

洛书的策略：三足鼎立，聚焦长期

古时黄河大水泛滥，大禹苦思治水良方而不得。此时洛河浮出神龟，背驮天书。大禹参详《洛书》，有所顿悟，治水大获成功。"河出图，洛出书"，这是民间关于《洛书》的传说。据传《洛书》记录着星象之理，体现了中华先民对数学的崇拜，是中华文化、五行术数之源。

洛书投资以此为名，正是体现立足华夏、精研量化之意。洛书 2015 年完成私募备案，2017 年开始发行资管产品。胡鹏负责洛书 CTA 策略线的投研管理。创立之初，公司内部对洛书的发展方向、投研宗旨达成了一致：**金融行业，"剩"者为王，风险防范必须放在第一位，资产质量放在第二位，第三位才是经济效益。**

创立之日起，洛书即希望为投资者提供有长期配置价值的量化产品。首先，这需要投资者充分理解量化产品的底层逻辑，这样才能理解波动，树立正确预期，长期配置。其次，底层策略要长期有效，投研团队要捕捉一些能持续提供回报的风险因子，在坚持长期规律的基础上，不断精进，累积优势。

以可理解、可持续为宗旨，洛书 CTA 投研团队选择了期货市场三类可以数学量化、值得长期研究的规律，并以此构建三类策略，三者等权配置，形成了洛书 CTA 策略的基石。

第一类，中长周期趋势跟踪策略。该类策略通过趋势指标，捕捉大宗商品的周期性行情，再辅以波动率管理和组合优化，控制回撤。

换言之，趋势跟踪策略就是做多过去一段时间上涨的品种，做空过去一段时间下跌的品种。那么中长周期趋势跟踪策略的底层逻辑是什么呢？

宏观经济有明显的周期性，体现在大宗商品上，商品本身有生产周期，于是商品价格会形成趋势性的上涨或者下跌。历史经验证明中长周期趋势跟踪策略具有长期盈利性，但由于期货市场小趋势和震荡行情较为常见，大趋势的酝酿需要时间，所以中长周期趋势跟踪策略短期爆发性强，收益呈脉冲特征。

第二类，期限结构策略。该类策略通过不同商品的升贴水关系、基差变化，赚取期货市场价格波动的风险溢价。

期限结构策略实际上就是做多处于贴水状态的品种，做空处于升水状态的品种，该类策略也有长期有效且易于理解的底层逻辑。

导致期货价格升水或贴水的因素很多，有持有商品的成本或便利、市场的情绪或预期等各种因素。但不论什么原因造成基差变化，有一项因素对基差的影响是巨大且持续的，那就是产业客户的行为。

产业客户有风险对冲的需求，他们会在期货市场交易以锁定商品价格。**产业客户要规避价格波动的风险，也就放弃了相应的风险溢价，而CTA机构实际上承担了价格波动，赚取了这部分风险溢价。**

期限策略的盈利来源更稳定，大多数时间盈利，长期盈利性较强。但赚取所谓的风险溢价就要承担风险，所以期限策略也会出现阶段性亏损。

第三类，基本面策略。该类策略通过处理大宗商品海量基本面数据，如库存、仓单、天气等，刻画商品的供求关系，预测商品价格变化。

基本面策略的底层逻辑更为简单直接，商品价格的波动很大程度由供给和需求决定，可以做多相对强势的品种，做空相对弱势的品种。基本面策略长期盈利性同样较强，但当市场供需不是价格主导因素时，策略有可能出现短期亏损。

以上三类策略的共同特征，就是有着清晰明确且长期有效的底层逻辑。影响商品期货价格的因素有很多，包括突发事件、市场情绪、预期变化等等。这些因素中只有一部分可以量化，可以用数学思维分析，而可量化的规律里，有些转瞬即逝，很快失效，有些才是能提供长期风险溢价的规律。

洛书的投研目标，就是量化这些可知的、长期的规律，对于市场中短

期的未知因素，做好风控，管好波动，沿着长期走得通的路径精进，为投资者提供可以理解、值得长期配置的 CTA 产品。

洛书的优势：投研深度与经验积累

投资中没有"躺赢"，三类策略虽然能提供长期风险溢价，但市场始终都在变得更为有效，量化管理人必须在数据获取、数据分析、策略提炼等方面不断进取，才能跑在市场前面，跑在同业前面。

洛书的优势体现在这三类策略上的投研深度与经验积累。以基本面策略为例，CTA 量化基本面策略其实门槛很高，因为数据种类繁多，数据质量各异，且构建基本面策略非常强调行业认知与先验逻辑，做好基本面策略，既需要数据获取的广度，也需要行业理解的深度。

洛书聚焦基本面策略的多年时间里，已把数据收集拓展到商品整个产业链的各个环节，既包括微观的基本面，也包括宏观的基本面。目前市面上所有的大宗商品相关数据，洛书几乎都会采购，而且要求同一类数据有多份数据源相互验证和备份。

采购数据的资金只是投入的一部分，洛书更大的投入是清洗数据的精力，多年来，洛书持续跟踪、记录并完善这些数据。**这些长期留存下来的，可调取、可追溯的海量基本面数据是洛书最宝贵的资源之一。**

行业理解与策略挖掘层面，洛书更强调思考深度与认知迭代，做科研出身的胡鹏将科研的态度与作风带到了洛书：

"苹果的落地，我们可以去量化地统计，哪个地方、哪个季节，苹果什么时候会落地，可以提出一个统计模型解释苹果落下来的规律。但想发现万有引力定律，却需要好几代科学家长期的思考迭代。金融行业也是如此，这才是真正的难点。洛书三类策略的迭代进步，我们一直强调投研人员的持续总结和思考。"

洛书始终坚持能长期提供风险溢价的三大类策略，持续深耕，在数据积累、投研认知等方面不断强化优势。而洛书创业以来能一步步由小做大，关键因素之一是洛书的企业文化。**洛书独特的企业文化有效地凝聚着投研人员，形成了紧密协作的高战斗力团队。**

洛书的企业文化：团队分工、团队协作、团队分享

洛书的企业文化强调"团队分工、团队协作、团队分享"，行业内用"温和"这个词来形容洛书的团队文化。这种"温和"的根源一是研究导向，没有学术之外的琐事纠葛；二是公平，客观看待每个人的成果和贡献。

投资行业面对阴晴不定的市场，业绩归因与利益分配较复杂。量化行业大家都很聪明，怎样协作是关键，所以管理好量化投资团队并不容易。**洛书所做的，一方面是搭建完整的投研分工框架**，包括建立公司自研的数据平台和因子开发平台，在完备的软硬件系统支持下，让投研人员精细分工，有明确的职责和目标，发挥各自的优势。

另一方面，团队分工、团队协作的同时，洛书秉承公平的原则。这种公平体现在对所有投研人员一视同仁，无论是刚毕业的应届生还是已有一定经验的海归人才，大家以能力分上下，同时加以合理的淘汰制，保证团队内部没有短板，彼此信任。

　　此外，公平也体现在利益分配上。 金融市场充满不确定性，影响产品业绩的因素繁多，仅以盈亏论胜负有失偏颇。**所以洛书会剔除市场环境中一些不可控的因素，更客观地评价投研人员的贡献。** 评定投研人员的产出时，洛书会同时考虑研发过程中策略的重要程度、贡献程度和难度。洛书希望通过利益分配，既要肯定投研人员过去做出的贡献，更要激励其未来的工作，体现洛书对其未来的期望。

　　温和、公平，研究导向、团队分工，如胡鹏所说：

　　"洛书就是这样一个集体，大家静下心来慢慢做事情。我们寻找期货市场长期的风险溢价，然后聚焦自己选择的策略领域，一步一步地去思考、迭代，为投资人提供值得长期投资的量化产品。"

洛书投资团队成员

- 上海洛书投资管理有限公司成立于 2015 年 2 月。

- 是一家专注于量化投资的私募基金管理人。

- 其团队具备丰富的海内外市场投资经验，基于量化交易的核心策略，发掘国内股票和期货市场机会，为投资者提供高确定性的绝对收益产品。

鲜明的风格、对风格的坚守、

由此赢得的信任，就是洛书的优势

访谈时间：2021 年 9 月

从牛津到上海，从学术研究到量化创业

好买： 您是在法国波尔多第一大学获得了应用数学与科学计算博士学位，能介绍一下您毕业后的职业经历吗？

胡鹏： 我毕业之后去布朗大学读博士后，然后在牛津英仕曼量化金融研究院做研究员，之后就回国创业了。

好买： 您在布朗大学和牛津英仕曼量化金融研究院做哪方面的研究工作？

胡鹏： 这段时期的工作其实就是我之前学术研究的延续，我在布朗大学专攻的课题是 Queuing System，就是排队系统，比如电商平台、超市门店商品上架下架等应用问题背后的数学理论。

在牛津英仕曼量化金融研究院，我研究的数学方法在工程领域有非常广泛的应用，但在不同行业可能有不同的学术名称。其间我们团队应 *Foundations and Trends in Machine Learning* 系列书籍的邀请，一起撰写了其中的一本书，系统介绍了相互作用粒子系统（interacting particle systems）研究的一整套工作。在学术理论的应用层面，我们在施普林格出版了一本书，介绍比较前沿的数学方法在金融领域的应用。

好买： 您当时在学术上已经取得不小的成就，为什么会选择从伦敦回国，从零开始创办一家量化机构呢？

胡鹏： 我和洛书的另外一位创始人谢冬是法国念书时的同学，后来还

有一些同学和学弟也加入了洛书。我们创办洛书的原因有很多，大家可能都有各自的理想。回忆起来，当时有一件事对我触动特别大，虽然这只是一件小事。

2014 年我还在牛津做研究的时候，有一次我被安排接待一位来牛津做讲座的副教授，我之前不认识这位副教授，和他研究的方向也不一样。当时带他去了一家我很喜欢的酒馆，吃饭的时候还特意向他介绍了这家小酒馆。

没想到这位副教授哈哈大笑，说这家酒馆他以前也经常来，十年前他在牛津读博士，当时就常来这家酒馆，如今故地重游感慨很多。当年在牛津求学时，他还是个默默无闻的学生，后来一步一步做研究、写论文、评教授，一路走到了今天。十年过去了，以前的理想大部分都实现了，但感觉这十年过得飞快，回忆起过去的一切就跟昨天刚发生一样。

听到这位教授的感慨，我其实受到了很大的触动。当时就开始思考，把这种早已规划好的人生目标都实现一遍，究竟是不是我真正想做的事情。碰巧那段时期谢冬邀请我一同回国创业，说国内的金融市场在蓬勃发展，有很大的空间与无限的可能性。

我当时虽然也在做金融方面的研究，但并未在金融行业工作过，谢冬邀请我一起回国创业，所有这些小插曲不断让我反思自己的人生规划，最后我觉得回国创业这条未知的道路更加让我兴奋，于是就和谢冬一拍即合，选择回国。

团队协作，集体攻坚

好买： 当时创立量化机构的时候为什么想到用"洛书"这个名字呢？

胡鹏：这个名字是我们几个创始人一起商量确定的。官方一点说，起这个名字是因为我们对祖国的悠久文化很自豪，**我们创业的目的就是打造一家立足中国，具有全球影响力的量化交易企业，**而"河图洛书"这个体现中华数学源头的古老故事十分契合我们的文化和使命。

其实许多量化私募的名字都有类似的地方，大家都是学数学出身，而且都潜心研究中国市场，所以会结合中华文化与数学思想为自己的机构命名。

当时我们起名字的时候，就顺着中国数学史，寻找最源头、最古老的传说，最后找到了"河图洛书"这个故事。

好买：正如您所说的，"洛书"这个名字体现了企业的文化，洛书有哪些重要的企业文化？

胡鹏：洛书成立七年以来，一直非常珍视公司在创业实践中形成的"以我为主，以人为本，实事求是，务实高效"的企业文化。同时随着公司业务和团队规模的稳步扩张，我们也更加强调风险防范第一，资产质量第二，经济效益第三。

我们充分尊重和鼓励员工发挥个人的聪明才智，但同时更强调团队分工协作，形成集体攻坚的优势。

我觉得，我们的企业文化就是团队分工、团队协作、团队分享。

好买：量化私募有一个非常关键的问题，就是对投研人员的管理。洛书的投研团队现在有数十人，从早期到现在投研人数持续增加，投研人员的管理模式可能也在发生变化。许多量化私募创立之初可能都是一个个小作坊，到后期会慢慢倾向于进行流水线分工。不论是小作坊模式还是流水线分工模式，其实各有优势，前者团队氛围更好，利于人员培养与磨合；

后者则能调动更大规模的人力，把每个环节拆分给更专业的人。洛书怎么看待这两种组织形式？目前如何管理投研团队？

胡鹏：洛书的企业文化强调团队分工、团队协作，一直也是朝着精细化分工这个方向努力。

精细化分工的好处显而易见，每个人聚焦特定的领域，做深入、做专业，通过分工协作达到全局效率的最优。

但随着投研人员的数量越来越多，每家公司都面临着您之前提到的问题：怎么避免分工协作过程中遇到的一些矛盾？怎么避免彼此间的隔阂或不信任？

这种不信任分为两类，一类是对公司的不信任，比如我在分工中只聚焦某一环节，个人的话语权不多，利益会不会得不到保障。有很多海外回国的量化人才就非常在乎这一点，因为这个问题在海外量化行业可能较常见。

在这一点上，洛书多年来一直非常强调公平，公司的大部分收益都回馈给团队，投入团队发展之中。不论是刚毕业的新人，还是海外回国的人才，我们一视同仁，公平对待。洛书成立七年以来一直都是这样做的，未来也会继续贯彻下去，希望能让每一个员工建立起对公司的信心。

另一类不信任可能来自同事之间，这也很常见，像美国量化投资大师詹姆斯·西蒙斯（James Simons）在自传中就提到当大家都是天才时，怎样才能合作。其实个人能力越强的人，越不喜欢依靠别人。为了解决这个问题，首先要让大家充分认可彼此的能力，保证这个团队中没有人的能力是团队短板，能力弱的同事在公司实行淘汰机制。我们不会盲目追求团队稳定，而是希望认同公司文化的人在一起，一同成长。

好买： 淘汰机制可以展开讲一下吗？

胡鹏： 这个机制并不复杂。每个人都有自己擅长的领域，随着公司业务发展，我们会根据每个人的特长匹配合适的工作。如果他无法胜任，可能会缩小他的职责范围，这样他对团队也有相应的贡献。如果个人能力实在不合适，可能职责收缩的过程中他自己就会选择离开公司，这是比较自然的一个淘汰机制。

好买： 就以您当前管理的 CTA 投研团队为例，您的团队是如何分工协作的呢？

胡鹏： CTA 投研团队没有传统意义上的投资经理，我们的策略是构建一个自研的投研平台，大家通过这个平台提交因子，然后再对这些因子进行评价。

公司有配套的数据平台进行数据的维护、清洗和更新，多数工作自动化完成，但需要有人监督。交易由公司自研的运维平台完成分配，由自研的交易系统完成执行。事前、事中、事后的风控同样由公司自研系统自动完成，且有专业的交易员进行监控。

投研方面的分工主要是挖掘因子，然后统一提交到投研平台。目前有十多个团队成员在做这种狭义的投研，负责趋势跟踪、期限结构、基本面三大类因子的开发。

对于投资组合的构建，会有一两个人做风险评价、策略迭代、权重更新，实时把新的因子加入组合，对模型进行更新维护。**我们没有传统的投资经理，也不太强调某个人的重要性，像我在整个投研体系中就并非特别重要，我的职责就是保证每个环节顺利进行。** 而每个环节都按照公司既定的系统和路线推进，也就是一步一步清洗数据、找更好的数据、尝试更好的算法、挖掘我们需要的规律。

广义层面的投研可能还包括运维平台、交易系统的 IT 开发，这些是整个公司层面的工作。

好买： 投研人员的考核机制和激励机制是怎样的呢？

胡鹏： 首先肯定要看对组合业绩的贡献，但也要合理地看待这个问题。

产品如果出现回撤，我们会和投资人客观地分析原因，看到底是市场环境的问题还是投资策略的问题。内部评价投研人员时我们也是这样做的，我们会剔除市场环境中一些不可控的因素，更客观地评价投研人员的贡献。比如某年趋势跟踪策略特别赚钱，其他策略可能这一段时间不赚钱，那么赚的钱不可能全部用来激励开发趋势策略的人，没有哪一家公司会这样操作。

我们更看重在研发过程中，这个策略的重要程度、贡献程度和难度。我们既要肯定投研人员过去做出的贡献，更要激励其未来的工作，体现我们对其未来的期望。

说实话，一个非常简单的趋势跟踪策略长期来看或许也能赚钱，但未来不一定有很大的发展空间。我们不可能对这种简单的、未来发展空间不大的策略给予太大的激励。

总之，我们对研究员进行激励时既考虑其已经做出的贡献，也考虑对其未来的期望。激励形式分为现金和股权，兼顾短期和长期，希望留住一些能长期为公司做出贡献的投研人员。

好买： 公司的投研人员主要是招应届毕业生然后内部培养，还是直接招一些比较有经验的研究员？

胡鹏： 应届毕业生和已经有丰富经验的研究员都不排斥，都一视同仁，主要还是看他认不认同我们的企业文化。

不可否认，年轻的应届生相对而言更容易接受我们的企业文化，因为他们为人处事方面可能更简单。有很多人说我们的企业文化较温和，其实我们就是这样一个大家静下心来慢慢做事情的集体。

量化可知的规律，无惧未知的市场

好买： 2020 年 CTA 产品业绩都很好，2021 年以来无论是做 CTA 的管理人还是关注 CTA 的投资者都在快速增加，我们如何看待这种现象？未来洛书会如何建立自己的优势？

胡鹏： 洛书并不是国内做 CTA 时间最长的私募，但也经历了几轮周期，也获得了相当一部分投资人的信任。**总结下来，做好 CTA、做好资产管理最重要的两个原则：一是要保持策略的透明，二是要保持自己的风格。**

透明指的是要让投资人清楚主要的策略思路；保持风格指的是要知道自身的不足，从而始终深耕自己能把握的策略领域。

量化投资有很多优势，但是其也有局限性。影响市场价格的因素有很多，有情绪面、有消息面，真正能够量化的只是一小部分。**很难判断未来哪些因素会主导价格变化，能做的就是把所有可量化的、可靠的规律写进策略里，这是我们擅长的工作。**当市场环境出现无法预知的变化时，我们不会盲目调整策略。

在投资洛书的产品时，我们总是建议投资者不要择时，实际上我们也时刻提醒自己不要盲目择时。无论面临的是净值压力还是舆论压力，我们都会坚持自己的风格，不会因为某个策略短期业绩好就提高其权重，某个策略业绩不好就丢弃不用，我们不做因子择时。**洛书长期的历史业绩也证明了我们选的这条路走得通。**

鲜明的投资风格、对风格的坚守，长期以来让我们获得了许多投资人的信任，这种信任就是洛书最大的优势。

好买：作为量化私募的创始人，您觉得在量化行业创业的道路上，若想成功，需要具备哪些品质？

胡鹏：这个问题的答案还是要回到企业文化这个话题上。我们的董事长是金融界的一位元老，他一直教导我们：**金融行业，"剩"者为王，把风险控制好，最后能活下来的，必然会有很多机会。所以我们的企业文化把风险控制放在第一位，其次是资产质量，最后才是经济效益。最重要的就是不能因为各类风险事件让自己出局。**

风控之外，要做好一家量化私募，其实就是要管理好一家公司。董事长对我们的另外一条教导就是：**公司不但要有市场化的激励机制，更要有让员工有归属感的企业文化。**我们花了大量的时间和精力去打造洛书的企业文化，其实企业文化就是一套行为准则，指导每个人的言行想法。

总之，先要打造良好的企业文化，然后重视风控，才有可能成为一家成功的量化私募。

好买：您之前在海外做过很长时间的量化研究，后来回国创立量化私募。现在许多海外量化巨头也在逐步进入国内资管市场，您认为本土量化管理人和这些海外大型对冲基金相比，有什么优势和劣势？

胡鹏：海外对冲基金的优势很明显，无论是管理规模、经验积累还是投研资源，海外对冲基金都很强势。许多海外对冲基金的资深研究员是国内量化私募创始人的前辈。

海外期货市场的经验不一定能够完全照搬到国内。全球期货市场的规模非常大，但主要的成交都集中在金融期货上，流动性充足的商品品种很少。而国内却有许多独有的、流动性非常好的商品品种，如螺纹钢、精对苯二甲酸（PTA）等，可能许多海外基金见都没见过。**对于这些品种，趋势跟踪一类的量价策略可以套用，但基本面一类的策略则需要长期积累，这方面本土量化更有优势。**

此外，国内外投资者的偏好有所不同，我们最终还是要给投资者提供他们需要的产品。资本市场的发展阶段不同，投资者的需求也会不一样。投资者投资一个资管产品，不仅要看它赚钱还是亏钱，还要明确它的配置价值，满足自身配置需求。这就需要管理人和投资者之间进行有效的沟通，彼此深入地了解。国内量化私募在这方面做得会更好。

打造值得长期投资的量化 CTA 产品

好买：请您介绍一下洛书已经有的策略线。

胡鹏：我们有 CTA 策略线，股票方面有两条策略线，即指数增强和市场中性。这些是最基础的策略线。然后会衍生出复合策略线，一个是高波动的 CTA+ 指增，一个是低波动的 CTA+ 市场中性。我们也会根据市场的发展和投资人的需求建立新的策略线。

好买：洛书目前有指数增强、市场中性、CTA 三条基础策略线，这三条策略线管理规模的目标是多少呢？

胡鹏： 现在并没有设定长期的具体目标，我们希望给投资人提供有规模潜力的量化产品，所以在产品规模扩大的时候，会密切关注规模扩大给市场和产品本身带来的影响，会结合具体情况做微调。

好买： 能否详细介绍一下洛书的 CTA 策略？

胡鹏： 我们讲量化对冲基金，什么是量化对冲？本质上是对风险进行分类，用量化的方法，把不想承担的风险对冲掉，只承担性价比足够高的风险。

CTA 策略从设计之初，就是希望提供一个值得长期投资的量化产品。如果我们有这样的要求，那就需要寻找一些能持续提供回报的风险因子或长期有效的底层策略。

从这个角度出发，就不能选择一些中高频的统计套利策略。统计套利是希望过去发生的一些事情在未来还会继续发生，继续有利可图。同时我们还希望投研人员能长期稳定地发现新的统计规律，对那些失效的规律迭代更新。这种策略特征其实违背了洛书产品的设计理念。

我们的产品设计理念是希望策略透明，让投资人充分理解。如果时时刻刻都在更新统计套利模型，那投资人甚至你自己可能都无法充分理解策略背后的逻辑，投资人更不会知道策略哪里出现了变化。

所以洛书不做中高频的统计套利，那我们选择做什么呢？我们研究商品市场的时候会发现，大宗商品本身并不是一个值得长期投资的品种，它没有贝塔。而股市是有贝塔的，不论哪个国家的股市，拉长时间看，市场都是随着经济增长而增长的，它有一个长期贝塔。

商品没有贝塔，因为随着生产工艺的改进，生产成本不断下降，商品必然没有长期增长的趋势。那怎样在商品期货市场长期赚钱呢？商品价格的形成受情绪面、基本面、政策面、资金面、消息面等各种因素影响。**首先要从这些影响因素中挑选出值得长期跟踪的规律，其次要挑选出可量化的规律。**

我们首先筛选商品期货市场各种可量化的规律，然后找出了三类值得长期研究的规律。**第一类是趋势跟踪，它代表宏观经济的周期循环带动商品价格的趋势，这是一种长期规律；第二类是期限结构，就是基差变化的规律；第三类是基本面，随着基本面数据种类逐渐丰富，可以量化越来越多的基本面因素，提炼它们对商品价格的影响逻辑。**

我们主要构建了这三类策略，不仅因为它们长期有效、可以量化，还有一个重要原因，学术界对这三类策略背后的原理已经研究得比较透彻，投资人可以较为直观地理解。当出现了不利于策略表现的市场波动时，投研团队能客观地对业绩进行归因，不会自乱阵脚。投资人也能清晰地理解业绩波动，**投资人只需明确自己需不需要配置这三类因子、洛书在这三类因子上长期有什么优势就足够了，而不用去关注短期的市场波动，关注择时的问题。**

这样一来，事情就变得简单了。相当于洛书公司、投研人员、投资者大家站在一起，去面对这个未知的市场。而不是大家彼此不了解、彼此质疑。

坚守策略框架，长期迭代精进

好买：洛书 CTA 一直主打趋势跟踪、期限结构和基本面这三类策略。那这么多年来，策略框架有过哪些明显的更新迭代？

胡鹏： 既可以说有，也可以说没有。我们一直坚持这种风格，做这三类策略，大框架没变。但具体到每类策略内部，一直以来我们都在不断迭代更新。

我们持续做研究，以便更好地实施这三类策略。 比如基本面因子，实际上就是利用基本面数据发现大宗商品的供需强弱，最早的策略版本量化了库存、开工等最简单的数据，而现在的模型在数据输入上已经涵盖了每个品种整个产业链上下游的各种数据。从策略细节上来说，如今的基本面策略与几年前的基本面策略虽然属同一类策略，但细节已完全不同。

好买： 相当于我们判断商品供需强弱的依据比以前丰富了很多？

胡鹏： 是的，这是基本面策略。像趋势跟踪这类量价策略也是如此，我们可能有了更好的滤波器，策略内部也在不断改进。

好买： 您刚才提到，学术界对趋势跟踪、期限结构、基本面这三类策略都有非常深入的研究，策略本身也有比较坚实的底层逻辑，这方面能详细介绍一下吗？

胡鹏： 比如期限结构，现实中基差的形成可能和教科书里讲的并不完全一样。教科书里讲持有某商品的成本或便利导致期货价格升水或贴水，但现实情况中影响基差的还有情绪、预期等各种因素。**不论什么原因造成基差变化，有一项因素对基差的影响是巨大且持续的，那就是产业客户的行为。**

产业客户有风险对冲的需求，他会在期货市场交易以锁定商品价格，他想规避价格波动的风险，就要付出这部分风险溢价，而我们这样的CTA机构实际上承担了价格波动，赚取了这部分风险溢价。相当于我们在卖一个保险产品，产业客户买了以后规避了商品价格波动的风险，我们收取保费承担这个风险。这其实就是期限结构策略长期获利的底层逻辑。

好买：2019 年 7—9 月和 2020 年 12 月期限结构因子都有回撤，您怎么看待这些现象？

胡鹏：换个角度思考，有回撤其实也是好现象，说明我们作为产业客户的对手方，给他们提供的保险确实是有意义的，我们也能长期把这项工作做下去。如果价格不波动，我们只收保费、不用赔付，这项工作也不会长久。必然要有风险，我们才能赚取风险溢价，所以波动、回撤都是很正常的事。

好买：再回到基本面策略，洛书在基本面策略上有什么投研心得或策略优势？

胡鹏：其实前几年有段时间量化基本面策略非常火，但后来又没声音了。这其中一个主要原因就是，量化基本面策略的门槛非常高。我们做这类策略感触很明显，花了大量时间做数据清洗，还要先验地去理解这些基本面规律。

对于量价类策略，刚毕业的学生只要会编程，掌握一个量价规律，就能写出一个策略。**但对于基本面策略，如果前期的基础没有打好，策略是非常难产出的**。

说到有效性，基本面数据有很多，越是简单易得的数据，越是直接影响价格的因素，相关策略的衰退速度越快。举个例子，很多年前我们有个策略就是依据很多特殊原材料的现货价格，根据价格的变化交易期货，一度也能盈利，但这个策略衰退的速度非常快。总而言之，市场肯定是逐渐变得有效。

我们现在的基本面策略是把数据收集拓展到商品的整个产业链，既包括微观的基本面，也包括宏观的基本面。在产业链条上，离商品越远环节的数据，越难获得，相关信息影响价格的速度也越慢。这类数据的阿尔法很弱，所以不太受关注，策略也就不容易失效。**我们顺着产业链把这样的微弱阿尔法都收集起来，统一判断基本面的强弱，最终形成长期有效的基本面策略。**

好买：基本面策略这方面，国外很多量化对冲基金会收集许多另类数据，如用卫星监测原油油罐库存，以此判断原油价格的走势。请问您如何看待另类数据在基本面策略中的应用？

胡鹏：在数据获取方面，我们虽然不生产数据，但几乎采购了市面上所有的大宗商品相关数据，而且同一类数据有多份数据源，以便相互验证和备份。

采购数据的资金只是投入的一部分，我们更大的投入是清洗数据的精力，很多年来，我们跟踪、记录并完善这些数据。这些**长期留存下来的海量数据是洛书最宝贵的资源**。现在提到哪个数据商或者哪一类数据，我们基本能立刻判断数据质量怎么样，可信度或有效性如何。

关于另类数据，其实卫星遥感门槛并不高，相关数据使用的时间也很长，可以很容易买到这些数据源。卫星遥感数据对我们而言主要有两方面的应用，一类是大面积、低质量的图像，如可以由此判断农产品的生长状态；另一类是高精度的图像，可以用来监测原油、铁矿的库存或者其他商品的港口库存。当然卫星遥感除了可见光遥感以外还有金属遥感、热遥感等，但是这类数据出现的时间并不长。卫星遥感的精确性还难以保证，虽然我们也采购了相关数据，但还处于跟踪与观察阶段。

好买：近几年机器学习技术在量化投资中的运用越来越广泛，您之前也做过机器学习方面的研究，您怎样看待机器学习技术的应用前景？

胡鹏： 现在机器学习的使用成本已经非常低了，其本质上还是一种统计数据的工具。其实要研究各种现象，理解现象背后的逻辑，还是需要人工来完成。

比如苹果的落地，我们可以统计哪个地方、哪个季节，苹果什么时候会落地，可以提出一个统计模型解释苹果落下来的规律。但想发现万有引力定律，却需要好几代科学家长期的思考迭代。金融行业也是如此，这才是真正的难点。我们在研究中肯定会应用机器学习这个统计方法，但三类策略的迭代进步，更需要投研人员的持续总结和思考。

胡鹏投资金句
QUOTATION

❶　做好 CTA、做好资产管理最重要的两个原则：一是要保持策略的透明，二是要保持自己的风格。

❷　很难判断未来哪些因素会主导价格变化，我们能做的就是把所有可量化的、可靠的规律写进策略里。

❸　鲜明的投资风格、对风格的坚守，长期以来让我们获得了许多投资人的信任，这种信任就是洛书最大的优势。

❹　金融行业，"剩"者为王，把风险控制好，最后能活下来的，必然会有很多机会。

❺　量化对冲基金本质上是对风险进行分类，用量化的方法，把不想承担的风险对冲掉，只承担性价比足够高的风险。

❻　必然要有风险，我们才能去赚风险溢价，所以波动、回撤都是很正常的事。

❼　越是简单易得的数据，越是直接影响价格的因素，相关策略的衰退速度越快。

❽　机器学习本质上还是一种统计数据的工具，其实要研究各种现象，理解现象背后的逻辑，还是需要人工来完成。